岩下修の国語授業

「深い学び」を生み出す物語読解の授業システム

発問・指示・課題の作り方

岩下 修 著

明治図書

はじめに

当初は、発問・指示を組み立てて作った課題例を全学年の主要教材についてまとめるつもりだった。指導書より詳細に、一つの教材についての全発問・全指示を紹介し、「読解の授業は何をしたらよいかわからない」という若い先生方に、即、役立つものを用意したいと思ったのである。

ところが、「追試ではなく、発問・指示を自分の手で作ってみたい」という現場からの声を時々耳にするようになった。確かにそうである。だれでも、自分のオリジナルな部分にこだわりたくなる。

そこで、発問・指示の機能と、発問・指示のセット化による課題の作り方をまとめてみることにした。自分が授業で使ってきた発問・指示を分類・分析してみた。何度も何度も束ね直した。その結果、次のA、B、Cが見えてきた。

A　読解を深化させる発問内容10視点
B　読解を深化させる問い方5パターン
C　読解を深化させる指示10分類

このA、B、Cを組み立てることにより、深い学びを成立させる課題は誰にでも作ることができるのだ。

一方で、違う問題が浮上してきた。発問・指示を軸とした授業は、主に、物語の「場面の授業」である。「全発問・全指示」だけでは、私の物語読解授業の全体を示したことにはならない。私は、どの物語教材でも活用できる読解システムを作ってきた。それが「四つの読解システム」である。一つの教材のどの学習場面でも、子どもに読解が発生する読解システムである。

今回、『小学校学習指導要領解説・国語編』で、学習過程が示された。それを見て驚いた。私の読解システムと響き合うところが実に多いのである。学習指導要領の示した学習過程を、具体化しているとも言える。

そこで、私は、本書において、自分の読解授業の学習過程を示すことにした。「物語読解授業のシステム」として、まるごと紹介することにした。

その結果、当初計画した全学年の主要教材についての発問・指示を組み立てた課題を紹介することができなくなってしまった。

ただし、第一章「発問・指示の組み立て方」と第二章「物語読解授業システム」の記述で、物語読解授業のエンジン部分は、ほぼ紹介できた。このエンジンは、他の教材でも必ず活用していただけると考える。

第三章では、とっておきの物語教材「ふきのとう」「スイミー」「お手紙」について、「四つの読解システム」を使った授業プランをまるごとまとめた。授業プランであるが記録的要素もある。何度も授業をし、使ってきた発問・指示であり、片々の技が詰まっている。全部の発問・指示について、その意図、意味付けを付した。そのまま追試していただいてもいい。もちろんアレンジして活用していただいてもよい。

文学軽視の風潮があるようだが、私は文学の授業が大好きである。喚起した映像と共に思考することを喜び、論理的に考える子どもたちの姿に出会えるのがうれしいからである。本書の中で、そんな子どもの姿の一端をご覧いただければうれしい。子どもの書いた文章は、モデルとしてご活用いただけるとうれしい。本書が、面白い読解の授業の誕生と、「深い学び」の成立に、少しでもお役に立てばうれしい。

岩下　修

目次

二章 深い学びを成立させる物語読解授業システム

三章 深い学びを成立させる物語授業の全発問・全指示&解説

1 「ふきのとう」（光村図書2年）

2「スイミー」（光村図書2年・学校図書2年・東京書籍1年）

3「お手紙」（光村図書2年・東京書籍2年・学校図書2年・教育出版1年）

一章

深い学びを成立させる物語授業の発問・指示の組み立て方

1　発問とは・指示とは

発問・指示は、読解授業を深化させる基幹エンジンである。発問・指示によって読解の授業は劇的に変わる。

発問・指示を核とした読解の授業法。これは、日本の国語教育界の中で検討、吟味されてきた貴重な指導法文化である。国語授業者の誰もが共通理解事項としておきたい貴重な指導法である。

発問・指示、そしてそれに続く対話・討論により、

音読とは違うレベルの映像が浮上する。発見的に理解が進む。そのとき、読解は深化する。

だから、読解の授業は面白いのである。

そして、このような深い学びの生まれる読解授業には、発問・指示という形の「指し示し」は欠かせない。

思考が発生するような発問・指示に触れて、子どもたちの「主体」は立ち上がってくる。発問・指示によって示された課題解決のために、対話的活動も必要になってくる。

では、発問とは何か。指示とは何か。

発問とは、思考内容・思考対象を問いの形で指し示した指導の言葉

指示とは、思考活動の方法を具体的に指し示した指導の言葉

発問とは、教材の中のある箇所を話題にし、思考する内容や対象を問いの形で「指さし」したものである。その教材の、どの場面の何を、どのように話題にしたら思考が発生し、子どもの主体が立ち上がるかを考えること。発問づくりは、国語授業者のための第一の仕事である。

一方、指示とは、その問いに対処するための活動（作業・身体活動・思考活動）方法を「指さし」したものである。一つの指示が、子どもたちの思考深化に大きく関わる。指示の吟味も欠かせない。

「スイミー」一の場面。「スイミーは、どんな魚でしょう」と問う。すると、「カラス貝よりも真っ黒」「だれよりも泳ぐのがはやい」が出されて終了となりがちである。私の発問・指示を紹介する。

1発問　スイミーのことでどんなことがわかりますか。〔人物の状況を問う〕
2指示　ぜんぶで七つあります。〔数指示〕
3指示　線を引きましょう。〔作業指示〕
4指示　最後は、「……こと」という言い方で発表しましょう。〔条件指示〕

「えっー、七つも」と子どもたちは驚く。この七つという数を示した「数指示」が知を発生させる。スイミーの特徴だけでなく、仲間の兄弟たちと楽しく暮らしていた姿まで話題になる。

同じく「スイミー」の二の場面では、次のような発問・指示を提示した。

1発問　なぜスイミーだけ逃げることができたのでしょうか。　〔行動の理由を問う〕
2指示　理由を三つ探して線を引いてください。　〔数指示・筆記指示〕
3指示　（三〇秒後）ペアで話し合ってください。　〔共同化指示〕

「1発問」だけなら、子どもたちは「だれよりもはやく泳げるから」と答えるだろう。発問の後、間髪を入れずに「理由を三つ」と指示。すると、子どもたちは少し戸惑い、教材に目を向ける。ここでも、「数指示」が思考活動を促したのである。さらに、「線を引く」という「2指示」で、文章に目を向けさせることになる。二つまでは何とか探せる。三つ目が難しい。そこで、「ペアで話し合うこと」を指示する〔共同化指示〕。

その後の全員参加による対話活動で、次の三点が特定されることになる。

①「だれよりもはやく泳げる」②「からす貝よりも真っ黒」③「下向きに泳いだ」

③の「下向きに泳いだ」は文章中にはない。「海のそこ」という言葉が指摘される。挿絵を指摘する子もいる。一匹の黒い魚が下向きに泳いでいる。レオ＝レオニ自身の挿絵だ。この教材に限っては、挿絵も根拠として認めてよいだろう。

発問・指示のちょっとした組み立て方の工夫で、子どもたちに知が発生し、読解が深化する。

2 発問―何を問うか・10の視点―

読解の授業を、私は、場面単位で行う。「一場面一時間」を基本としている。この「場面読解」に欠かせないのが発問・指示である。ところが、いっとき発問・指示よりも、言語活動を優先させる風潮が生まれていた。発問で受け身の姿勢になるよりも、主体的な学習が必要という説のもと、国語教育界で育まれた発問・指示による読解授業が軽視された。「好きなところ」を発表したり、まとめたりする活動が、次々と紹介された。時代にふさわしい、主体的な活動であるというふれこみで。

ところが、平成二七年。文科省から「単元を貫く言語活動」という用語を使うことを止めるような通達が出された。言語活動優先による国語力の低下への危機感の表れなのかもしれない。確かに、それ以後、この言葉は、ぱたりと使われなくなった。

そして、中教審の答申を受け、『小学校学習指導要領解説・国語編』に、「学習過程」が四点示された（番号は岩下による）。それぞれについて、次のように説明されている。

1　「構造と内容の把握」……叙述を基に、文章の構成や展開を捉えたり、内容を理解すること。
2　「精査・解釈」……文章の内容や形式に着目して読み、目的に応じて必要な情報を見付けることや、書かれていること、あるいは書かれていないことについて、具体的に想像することなど。
3　「考えの形成」……文章の構造と内容を捉え、精査・解釈することを通して理解したことに基づいて、自分の既有の知識やさまざまな体験と結び付けて感想をもったり考えをまとめたりしていくこと。

4 「共有」……文章を読んで形成してきた自分の考えを表現し、互いの考えを認め合ったり、比較して違いに気付いたりすることを通して、自分の考えを広げていくこと。。

この「学習過程」の特に、1、2を具体化するために不可欠なのが発問である。発問という形で、教材への「指さし」が、子どもたちの知的欲求を満たしたとき、その問いを、子どもたちは、瞬く間に自分の問いに切り換える。これが、子どもたちのすばらしいところである。このとき、

子どもたちの主体は、まさに立ち上がってくる

のである。このような子どもの姿を見て、現場の教師たちは、発問の研究・研修を進めたのである。では、場面読解ではどんな発問がよいのか。二十代の私は、一つも答えられなかったろう。というより、当時の私は、現場で飛び交う、その文脈から、「発問」とは、教師の指導の言葉全体のことと思ったのであった。ゼロから出発して、四十数年、やっと、子どもたちの主体が立ち上がる発問をまとめることができるようになってきた。

場面読解で、今、私がよくしている発問は、次の10点に分類できそうだ。

読解を深化させる発問内容10

㈠時・場・人・もの〔場面設定〕

「時は、いつですか」「いつ……していたのですか」

「季節はいつですか」

「一日のうちのいつですか」

「場所はどこですか」「どこで……していたのですか」

「人物はだれですか」「だれが……したのですか」

「大事な物は何ですか」「何が……になったのですか」

㈡人物の状況〔人物が置かれた状況描写〕

「○○さんについて、何がわかりますか」

「○○さんは、どのように……したのですか」

㈢人物の行動〔人物の行動描写〕

「○○さんは何をしましたか」

「○○さんは、どんな行動をしましたか」

㈣人物の知覚物〔人物の知覚物描写〕

「○○さんは何を見ましたか」

「○○さんには、何が聞こえてきましたか」

㈤人物の心情・人物像〔心情描写・人物像描写〕

「その心（※例えば、やさしさ）はどこでわかりますか」
「どんな心かわかりますか」
「○○さんの心はどこで一番変化していますか」
「○○さんはどんな考え方をしましたか」
「どんなあだ名がふさわしいですか」～「あだ名をつけましょう」（ネーミング）

㈥ 登場したものの状況・景色（ものの状況描写・情景描写）
「そのもの・景色について何がわかりますか」

㈦ 理由・根拠・原因
「なぜ……ですか」
「……はなぜですか」

㈧ 語り手（話者）（語り手（話者）・語り手（話者）の位置）
「語り手はだれですか」
「語り手はどこにいますか」

㈨ 言葉・表現・学習用語（わかりにくい言葉・読解深化につながる学習用語）

㈩ 見出し・題（場面のキーワードを選択・統合）
「この場面には、どんな題がいいですか～この場面に題をつけましょう」

右の10点を見てわかるのは、場面読解で何をするかである。ひと言でまとめてみる。

その場面の人物の置かれた状況を把握し、書かれていない心情や人物像を、人物の行動や人物が知覚したものを検討して、心情や人物像を明らかにすること。

直接書かれていない人物の心情や人物像が、発問・指示による対話的検討によって、映像の喚起と共に明らかになる。その人物の行動や心情について、ひと言意見を持ちたくなる。だから、読解の授業は面白いのである。

場面読解の最初は、㊀の「場面設定」からスタートする。そのあと、㊁～㊈のいずれかを検討する。発問内容は、教材、場面によって違ってくる。

ただし、一時間の最後は、㊉の「見出しつけ」をすることにしている。

「スイミー」の三の場面の中心になる発問・指示を示す。

1 指示　「元気になった」に線を引きなさい。　〔作業指示～線引き〕
2 発問　元気になったのはだれですか。　〔㊀設定・人物～㋐ダイレクト型〕
3 発問　場所はどこですか。　〔㊀設定・場所～㋐ダイレクト型〕
4 発問　スイミーは何を見て元気になったのですか。　〔㊃人物の知覚したもの～㋐ダイレクト型〕
5 指示　スイミーが見たもののすべてを書き出しなさい。時間は三分です。　〔筆記&時間指示〕
6 指示　となりの子と話し合ってください。　〔共同化指示〕

7指示　発表してください。　〔活動指示〕

8発問　最初に見たのはうなぎの頭ですか、しっぽですか。　〔人物の知覚したものを選択的に問う〕

9発問　三の場面に題をつけるとしたら、どんな題がいいですか。　〔ふさわしい見出しを問う〕

10指示　次の言葉を入れて、見出しをつけましょう。最後は、「……スイミー」とまとめましょう。　〔条件指示〕

「スイミー　元気になった　おもしろいもの」

これらの発問・指示は、場面の音読の後に提示していく。この七点の発問・指示で、課題が提示され、対話的活動を経て、課題が解決される形となる。

「1指示」から「3発問」までが、「場面設定」。本時では、「元気になった」というスイミーの心情を既知事項として、何を見て元気になったのか、スイミーの知覚したものを明らかにしていく。「5指示」～「7指示」による作業とその後の発表により、知覚物と、比喩として出ている言葉とが、検討されることになる。

最後は、「8・9発問」「10指示」で、場面に見出しをつけさせる。「おもしろいものを見て元気になったスイミー」とまとまる。解釈、検討した場面を、俯瞰するような作業となる。

3　指示―問いの解決に向けて何をさせるのか―

「指示」というと、どうもマイナスイメージがつきまとうようだ。しかし、実際には、「指示」という「指さし」のない授業はない。無言で教材を配布したとする。それだけで、「この教材を使って学習します。次の先生の言葉を聞く構えをつくってください」という暗黙の指示を発信している。

少し先回りをして、教材を探し、子どもに与え、その教材を使い、知や意や喜を発生させようとする。この数千年、あらゆる場所で、大人による子どもへの「指さし」で子育てをしてきたのだ。

指示の有無が問題ではない。子どもに知、意、喜が生まれる指示が必要なのである。今流に言えば、子どもに「主体」が生まれる指示が必要である。「AさせたいならBと言え」は、知、意、喜を発生させる指示の言葉を追求するための原則として提案したのである。あれから、三十数年、授業の中で活用できる指示を探索してきた。

「ごんぎつね」の二の場面。「一場面一時間」の原則を破って、二の場面を、前半と後半に分けて、二時間使って行った。

それだけ、指導すべきことがつまった場面である。

1指示　「『ああそうしきだ。』と、ごんは思いました。」の部分に線を引きなさい。　〔作業指示〕
2説明　ごんは、いつもと違う村の人の様子を見て、最後に「ああそうしきだ。」と思いました。
3指示　ごんが見つけた、いつもと違う村の人の様子を五点見つけなさい。　〔数指示〕

4指示　教科書に線を引きなさい。　〔作業指示〕

ここでは、「五点」という数の提示が重要だ。もう一度、二の場面の冒頭から見ざるをえなくなる。時系列の順に発表させる。

①弥助の家内がお羽黒をつけていたこと。
②新兵衛の家内がかみをすいていたこと。
③兵十の家におおぜいの人が集まっていたこと。
④よそ行きの着物をきた女たちが表のかまどで火をたいていたこと。

この四点が出たあと、一問一答のダイレクト型発問を行う（発問の型については後述）。

『②を見たごんは、何を思ったのですか』
↓「村に何かあるんだな」「お祭りならたいこやふえの音がしそうなものだが」
『④を見たごんは、何を思ったのですか』
↓「だれが死んだんだろう」

右の発問は、簡単な確認作業だが、ごんの観察する力、知識がよくわかる。そこで、次の指示。

1指示　この二の前半の部分のごんぎつねに、「〇〇ぎつね」と名前をつけてください。「〇〇のきつね」という言い方でもいいです。

2指示　ノートに二つ以上書いてください。

ある年、この二の場面でごんはどんなきつねか話し合っているとき、「ごんは村の物知りぎつね」と発言した子がいた。その瞬間、ごんの人物像が浮上した。なるほど、面白い。その次の年の授業で初めて、「〇〇ぎつね」を筆記させることにした。子どもたちから出たネーミングを紹介する。

①物知りぎつね　⑤知りたがりぎつね
②すいりぎつね　⑥行動ぎつね
③好奇心が強いきつね　⑦人間ずききつね
④たんていぎつね　⑧想像力のあるきつね

最後は、次の指示で発表させた。

指示　この①から⑧の中で、面白いと思うものを一つ選んでください。理由も発表してください。

発表される度に、ごんの像が浮かぶから面白い。このように、指示で授業が展開する。これがきっかけで、人物像を映像化する技法として、「ネーミング方式」という技を取り入れることになったのだった。

4　読解を深化させる指示10分類

日々、たくさんの指示をしている。読解を深化させる指示を10点まとめてみた。発問に、これらの指示を組み合わせながら、課題を提示し、思考を促していく。

読解を深化させる指示10

①条件指示…条件や型を示してから思考させる。よく使うのが見出しをつける際の、挿入する言葉の指定。条件は制約でもある。ときに思考の支えとして機能する。

・「必ず、〇〇という言葉を入れてまとめてください」

・「最後は、……『こと』という言い方でまとめてください」

・「書いた人から持ってきてください」

②数指示……条件指示の中で最も頻繁に使うのが数。そのため、「数指示」として項を起こした。示された数を支えに思考が始まる。

・「三つ見つけてください」

・「〇字で答えてください」

・「〇段落と書いてください」

・「五人の人に発表してもらいます」

・「できるだけたくさん探してください」（※数指示の応用）

③限定指示…思考の範囲を限定することで思考を深める指示。「数指示」「時間指示」とセット化して活用することも多い。

・「〇の場面の中から探してください」

・「二〇字以内でまとめてください」

・「○ページの中で探してください」

④作業指示…思考させ、読解に導くために、どんな作業をさせるか、極めて大事である。特に指先を使った作業にこの名を称す。

・「線を引きましょう」

・「ノートに書きましょう」

・「絵にかきましょう」

⑤活動指示…ペアで話し合ったり、グループで話し合ったり、身体活動を促す指示である。ノートに筆記したものを持ってこさせたり、板書させることも活動指示の一つ。人物の動作化は、物語の世界から離れぬよう、限定して行わせる。

・「ペアで話し合ってください」

・「書いたら持ってきてください」

⑥音読指示…活動指示の一つ。授業の中で頻繁に音読させる。音読が理解とリズムと空気を作る。

・教師の指示した通りに音読。（一斉、男女別、一人等々）

・発表や話し合いで、話題になった箇所を、即一斉音読。

⑦探索指示…「探しなさい」「見つけなさい」という探索、捜索させる指示である。読解の授業の際、よく行う。「いくつ探しなさい」と数指示とセットで使うことも多い。辞書引きで言葉を探すのも、捜索指示の一つである。

⑧想像指示…教材の中に答えがないときに、予想したり想像したり、体験を基に考えさせたりす

る際の指示である。

・「教科書に答えはありません。自分で考えてください」

・「自分が体験したことを思い出して言ってください」

⑨発表指示…発表させる際の指示。発表のさせ方、指名の仕方で授業の空気が変わる。

・「先生が『はいっ』と言ったら手を挙げてください」

・「(ペアで話し合った後)ペアで挙手してください」

・「グループで一人発表してください」

⑩時間指示…作業時間の提示で思考を喚起させる。作業時間が、思考の量や質を支える。後述する「ダイレクト型発問」の場合は、「わかったら即挙手」という暗黙の指示が出ていると考えてよい。

教材と場面に応じて、指示を明確に意識して、授業に望みたい。指示が授業を決すると言ってもいい。

5 発問方法を意識化する

発問とは、思考する対象、思考する内容であると述べた。「発問・指示は、思考する内容の提示と思考する活動の提示」である。これでいい。

しかし、実際には、発問には、考えておきたいもう一つの相がある。

発問方法……発問するときの問い方

先に紹介した、「スイミー」二の場面の発問は、指導案だと次のように書かれるであろう。

「スイミーだけ、なぜ逃げることができたのか」

ずいぶん、そっけなく、ダイレクトに問うている。このようにずばり短く問うときもある。ダイレクト型発問と呼んでおこう。

しかし、スイミーのこの場面、実際には、私は、次のように言っている。

発問　うーん、不思議です。他の魚は全部食べられたのに、なぜ、スイミーだけ、逃げることができたのでしょう。

「不思議ですね」というトーンで、問いを発している。私は、このような問い方を「不思議型発問」と命名して多用している。指導案には、ふつうは、問い方までは明記しない。

ダイレクト型と不思議型では、教師と子どもとの関係が微妙に変わる。問い方の意識化で、発問の持つ機能まで変わってくる。

どうやら、私の発問方法は、次の五つに分類できそうである。

読解を深化させる発問方法5

ア　直接問う　〔ダイレクト型発問〕
イ　比べさせて問う　〔対比型発問〕
ウ　選択肢を提示して問う　〔選択型発問〕
エ　不思議ですねと問う　〔不思議型発問〕
オ　ゆさぶって問う　〔ゆさぶり型発問〕

となると、課題の提示から、解決に向けて、発問・指示を次のように組み立てていることになる。

発問内容＋発問方法＋指示＝課題提示→学習活動→課題解決

物語の場面読解において、教師は、自らの問い方（5点）を意識しながら、問う内容（10点）を提示し、解決に向けて有用な活動方法（10点）を指示していけばよいということである。

6　問い方・五つの型

(1)　直接問う〔ダイレクト型発問〕

発問の答えが、教材の中に書かれている。見れば「答え」がわかるというような発問を「ダイレクト型発問」と呼んでいる。時、場所、人物、登場物等を明らかにするときによく使う。

「ふきのとう」（光村図書2年）の一の場面冒頭の発問・指示を紹介する。

1指示　「ささやいています」に線を引いてください。〔作業指示・傍線付記〕
2指示　簡単なことを聞きます。手を挙げる準備をしてください。〔活動指示〕
3発問　ささやいているのはだれですか。〔人物をダイレクトに問う〕
4指示　五文字で答えてください〔数指示〕
5発問　どこでささやいていますか〔場所をダイレクトに問う〕
6発問　時はいつですか。一日のうちのいつですか。〔時をダイレクトに問う〕

述語「ささやいています」に線を引かせた後、「だれが」「どこで」「いつ」と、次々に問いかける。特に、低学年には欠かせない指導法である。全員の挙手が期待できる。「3発問」のあとに、「五文字で答えてください」と指示することにより、小さなハードルを設置。言葉に目を向けさせる。

時、場、人の確認は、何度しても飽きない。知りたいという基本的欲求を満たすからであろう。

「ごんぎつね」（光村図書4年）の二の場面。

1発問　六地蔵さんのかげにかくれていたごんが最初に見たものは何ですか。〔人物の知覚物をダイレクトに問う〕

2指示　五文字で答えなさい。↓屋根がわら　〔数指示〕

登場人物が知覚したものを、ダイレクトに聞いている。ここでも、字数を指示することで、思考作業にしている。このように、ダイレクトに問うときは、指示で思考を促す。

1発問　屋根がわらはどんなようすだったのでしょう。　〔情景描写をダイレクトに問う〕
2指示　教科書の言葉を使ってできるだけ詳しく説明してください。最後は「……屋根がわら」とまとめてください。　〔条件指示〕

「いいお天気で遠く向こうに光っているおしろの屋根がわら」となる。全員で音読。屋根がわらの映像が鮮やかに浮かぶ。このようにダイレクト発問で授業展開する際は、指示とセット化し、テンポよく出していくことが必要である。

なお、発問の中では、ダイレクト型発問が多数を占める。この後、本書では「ダイレクト」は明記しない。

(2) 比べさせて問う〈対比型発問〉

「困ったときは、対比で突破」。

よくこの手を使ってきた。対比的に問うことで、思考を発生させるのである。かつて、四年教科書の冒頭に「三つのお願い」（光村図書）という教材があった。どうしたら深い学びを成立させることができるのだろう。思いついたのが対比。三年生の最後に授業した「モチモチの木」と対比させた。

「モチモチの木は、……だけど、三つのお願いは……」

という形で、発表させた。対比することで、時、場、人物等々が浮上した。読解の授業が成立してしまった。Aを理解させたいとき、Bを登場させ対比させる。Aだけでなく、Bの理解も進む。対比は思考発生装置である。

「ふきのとう」の一場面に出てくる「ささやいています」。私は、次のように問いかけた。

> **1発問**　「ささやいています」は、「話しています」とどう違いますか。〔対比的に問う〕
>
> **2指示**　「話していますは……だけど、ささやいては……」という言い方で言ってください。〔条件指示〕

「1発問」は、厳密に言えば、次の二つの発問からなる。

> A発問内容　「ささやいています」とはどういう状態をいうのでしょう。
>
> B発問方法　「話しています」とどう違いますか。

両者を合体させ、一つの発問としたのである。「ささやく」という言葉を、「話す」と対比させたのである。これで、子どもは考えやすくなる。さらに、「2指示」で、説明の型を示した。これで、発言しやすくなる。

「話していますは、みんなに聞こえる声だけど、ささやいていますは、相手に聞こえるくらいの声です…」

こんな発言が出た後、実際に「さむっかったね……」をささやくように音読させた。

新しい場面に入ると、時々、次のように問うことがある。

1発問 この場面は、他の場面といろいろ違います。さて、どこが違うのでしょう。〔対比的に問う〕

2指示 できるだけたくさん見つけましょう。〔数指示〕

3指示 「この場面だけは……」という言い方で言ってください。〔条件指示〕

大胆に場面と場面を対比させるのである。時、場所、登場人物を中心に、たくさんの違いが発見的に見つかる。これだけで授業になる。「ふきのとう」の六の場面の場合。

・この場面だけは、はるかぜがふく。
・この場面だけは、竹やぶがゆれる。
・この場面だけは、雪がとける。
・この場面だけは、ふきのとうが顔を出す。

対比させるだけで、読解が成立してしまう。

(3) 選択肢を提示して問う（選択型発問）

発問に対する答えを複数示し、どれがよいか選択させる方法である。主題の検討などの際によく行うが、場面の読解にも、活用することができる。

「ふきのとう」二の場面。「雪のしたにあたまを出して……」という一文がある。ここで問う。

> **1発問**　ふきのとうは、今、どこにいますか。
> ①土の中　②雪の中　③雪の上
>
> **2指示**　反対意見から言ってください。

実際には、断面図をかいて、①②③の位置を示す。反対意見から言わせると、二の場面のほとんどの言葉が検討されるから面白い。

「スイミー」の最後、スイミーが、大きな魚を追い出す場面。

> **発問**　スイミーたちは、どれぐらいの時間泳いでいたのですか。
> ①10分　②1時間　③5時間

この発問で、「あさのつめたい……」「ひるのかがやく……」という表現に目が向く。スイミーの指令のもと、大きな魚の形をして泳ぐ魚たちの映像が喚起することになる。

「白いぼうし」（光村図書4年）の最後、「よかったね　よかったよ……」という声が聞こえてくる。「よかったね」と「よかったよ」が、上下にずらして書かれている。

発問　「よかったね」「よかったよ」はだれの声でしょうか。

①ちょうちょうたち
②ちょうちょうたちと女の子のちょう
③ちょうちょうたちとクローバーやたんぽぽ

選択肢に、あえて③を入れておいた。クローバーやたんぽぽたちの声と考えることで、ファンタジーの世界が大きく広がる。

「やまなし」（光村図書6年）には、かにの兄弟たちの言動がたくさん書かれている。

発問　かにの兄弟たちは、五月と十二月で成長しているのでしょうか。

①成長していない　②少し成長している　③すごく成長している

①が否定され、②と③に意見が別れるだろう。かにの兄弟たちの言葉が対比的に検討され、かにの

兄弟たちの映像が喚起する。最後は、③「すごく成長している」に落ち着くだろう。

(4) 不思議ですねと問う〈不思議型発問〉

「ちょっと不思議なことがあります……」「…不思議だと思いませんか……」このように、「不思議」という言葉を入れた発問を、私はよくする。この「不思議ですね」は、発問の前の「説明」とする手もある。が、あえて発問の方法として位置づけた。以前から、「ゆさぶり発問」の有効性が言われてきた。これは、表現や子どもの考えに対して、「その考えはおかしくはないか」等と否定したり、つっこみを入れたりし、思考を促す発問である。深い解釈をしている教師が、子どもの考えをゆさぶるという形になる。私自身は、「不思議ですね」のほうを多くしている。この「不思議発問」で、「この問題を先生と考えてみましょう」という空気になる。指導の言葉も、若干語り口調になる。発言を受け止め、取り入れてますという、応答的なやりとりが生まれる。

「ごんぎつね」二の場面。

1発問　二の場面には、不思議なところがありますね。弥助や新兵衛のうちを通るとき、なぜ、うちの裏を通ったのでしょう。↓「見つからないように」「つかまらないように」

2発問　不思議です。なぜ、兵十のうちだけは、うちの前を通ったのでしょう。

3指示　それがわかる言葉を二つ見つけて線を引きなさい。

「1発問」に対して、「見つからないため……」「つかまらないため……」と出される。そこで、さらに「不思議ですね」と発問。「こんなことを考えながら」「いつのまにか」の二点が話題になる。「ごんは考えごとをして、うっかり兵十の家の前にきた」ことが明らかになる。
同じ二の場面。六地蔵さんの陰にいるごんに、葬列の話し声が聞こえてくる。そこで、

発問　不思議です。葬列から話し声が聞こえるのは……。どんなことが話されていたのでしょう。

まず出るのは、お経だという意見。「兵十さん一人になってかわいそう」「どんな病気だったのでしょうね」等々、具体的な内容も出される。「その可能性はあるでしょうね」と私は受け止める。
そして、「一つの花」（光村図書4年・教育出版4年）二の場面。

発問　不思議です。おとうさんは、なぜおにぎりがなくなったことを知らないのでしょう。ずっといっしょにいたはずなのに。

本当にちょっと不思議である。「おとうさんは、戦争に行かなければいけないこと、ゆみ子のことなど考えることがいっぱいで、おにぎりのことに気づかなかった」と子どもたち。「おにぎりのことは眼中になかったということですね」と私も語る。
「不思議ですね……」のひと言は、子どもたちの主体を立ち上げる魔法の言葉のようである。

(5) ゆさぶって問う〈ゆさぶり型発問〉

「発問には、ゆさぶりが必要である」。一時は、かなり言われたことである。「それはおかしくないか」「それは誤りではないか」と、ゆさぶることで、子どもに思考を発生させようという手法である。
このような発問を「ゆさぶり型発問」と呼ぼう。
例えば、「海の命」の最後の場面は、次のように問いかけた。

1発問　最後の場面は、場面というより「あとがき」のようです。その前の場面の最後に、「大魚はこの海の命だと思えた」とあります。このまま、話が終わったほうが、「海の命」という題にもぴたっと合うと思います。先生は、最後の場面は、ないほうがよいと思うのですが。

2指示　みなさんに聞きます。どちらかに手を挙げてください。
ア　最後の場面は、必要ない。
イ　最後の場面は、必要である。

自分でも笑ってしまう「ゆさぶり」である。つられて、アに挙手する子が出てくる。ところが、その後、「必要である」という意見が続々出てくる。
①太一が結婚して生まれた四人の子は、元気でやさしかったことがわかる。
②太一の母が、おだやかで満ち足りた、美しいおばあさんになったことがわかる。

③村一番の猟師であり続けたことがわかる。

④クエとのことを誰にも話さなかったことがわかる。

後日談が書かれた最後の場面に、主題把握につながる重要な情報が満載されていることがわかる。

「なぜ、家族が①や②のようになったのだろう」と発展的に問うこともできる。

「大造じいさんとガン」の最後の場面では、次のようにゆさぶってみる。

発問　絶対、おかしいよ。「らんまんと咲いたすももの花が、雪のように清らかにはらはらと散りました」と書いてあるけど、そんな花とぶつかるような場所でにがすはずないと思うのだけど。この表現は、ないほうがいいよね。

「たぬきの糸車」（光村図書1年）の最後に、たぬきがおどりながらにげていくという記述がある。そこで、次のひと言。

発問　……ということは、このたぬきは、おどりがすきなんだ！

「違う、違う」「おどるのは、たぬきはうれしいからです」一年生も食いついてくる。

「ゆさぶり型」の多くは、「不思議型」に転化させることができる。そのときの子どもとの関係、問いの質を考慮して、「ゆさぶり型」にするとよい。ぜひ、お試しいただきたい。

二章

深い学びを成立させる
物語読解授業システム

1 物語読解授業の学習過程

物語の読解授業は、一年から六年まで、どの教材でも、同じ授業システムで行っている。四十数年の時を経てたどり着いたシステムである。まだまだ改訂中である。

物語を読むとき、私は、その場面の、時、場所、人物を確認したくなる。人物の状況、言動、心情について、映像を浮かべたりしながら読んでいく。最後のあたりになると、作品からのメッセージをぼんやりと考えたりする。そして、読み終えると、あの場面がよかったなあと思ったり、よい作品だとか評価している。

どんな作品に対しても、読みのアタック法は、ほぼ万人共通だろう。このような当たり前の読み方を子どもたちに追体験させたいと思う。そこでたどり着いたのが「四つの読解」システムである。

物語の読解授業は、第一時から最終時まで、言葉まみれの状態にしたい。言葉と格闘し、思考が発生する場にしたい。国語の授業は、言葉の獲得と思考の深化のために特化した場だと考えている。

『小学校学習指導要領解説・国語編』では、次の四つの学習過程が示された。

> 「構造と内容の把握」「精査・解釈」「考えの形成」「共有」

ただ学習するだけの学習にならないようにと示された中教審の答申を踏まえ、学習過程が示されたのである。

令和二年度から使われる国語教科書を見て驚いた。学習過程を示した教科書が登場しているのである。Ｍ社は、二年生以上の物語、説明文を軸とした単元の最後にある「学習の手引き」に、学習過程が示された。一方、Ｋ社は、一年の下から六年まで、学習過程が示された。ともに、番号は、岩下による。

・Ｍ社…「①とらえよう」「②ふかめよう」「③まとめよう」「④ひろげよう」

・Ｋ社…「①たしかめよう」「②かんがえよう」「③ふかめよう」「④ひろげよう」

両社共に、「ふかめよう」を採用している。「深い学び」が意識化されているのかもしれない。面白いのは、「ふかめよう」を、Ｍ社は学習過程の二番目、Ｋ社は三番目に置いたところである。

両社にならって、私の四つの読解を、学習指導要領で示された学習過程と、Ｍ社、Ｋ社の学習過程と比較しながらまとめてみる。

Ⅰ音読読解	音読による作品理解と問題探し	音読で作品をとらえふかめよう
Ⅱ場面読解	精査・解釈による場面の内容と構成把握	話し合いで場面の理解をふかめよう
Ⅲ全体読解	作品全体の構成と内容の把握	作品全体の理解をふかめよう
Ⅳ発展読解	作品について意見・感想の表出と交流	批評し物語についての理解をふかめよう

どうしても、どの学習過程にも、「ふかめよう」を入れたくなってしまう。考え、映像が喚起し、新たな読解が発生しなければ、子どもは飽きる。授業のどこを切り取っても「読解」が成立し、「ふ

かまり」を成立させたいと思ってしまうのである。次に、私の物語読解システムをまとめてみる。

深い学びを成立させる物語読解授業システム

Ⅰ　音読読解（全文の音読。一～二時間…音読も重要な読解）※状況に応じ、気づき・不思議筆記
Ⅱ　場面読解（各場面一時間。発問・指示を軸に問題・課題を提示し、対話的授業の展開）

発問内容
1時・場・人・もの（設定）
2人物の状況
3人物の行動
4人物の知覚物
5人物の心情・人物像
6登場したものの状況・景色
7理由・根拠・原因
8語り手（話者）
9言葉・表現・学習用語
10見出し・題

発問方法
ア直接問う
イ対比的に問う
ウ選択肢を提示して問う
エ不思議と問う
オゆさぶって問う

指示
①条件指示……条件や型の指示
②数指示……数を示した指示
③限定指示……思考の範囲を限定した指示
④作業指示……線引き・筆記・図式等指示
⑤活動指示……グループ化等活動を促す指示
⑥音読指示……音読するように指示
⑦探索指示……探すように指示
⑧想像指示……テキスト以外から想像する指示
⑨発表指示……発表の仕方の指示
⑩時間指示……作業・活動時間の指示

Ⅲ　全体読解（次の課題の中から選択一～二時間）

作品理解のための課題

1主人公の心情・行動の変化の要約（ビフォー・アフター一文まとめ）
2主人公の心情転換点の特定（主人公の心が一番変化した段落の検討）
3主題（作品の読者へのメッセージ）の特定（主題の複数提示による検討）
4人物像・人柄の特定（○○運転手、○○ぎつね等のネーミング作成）
5対比・類比で作品理解（※やまなし……五月と十二月の対比と類比）
6手紙筆記（登場人物同士の手紙）
7特設テーマ（作品理解を深化させる独自課題）

Ⅳ　発展読解（次の筆記活動から選択一～二時間）

作品について意見を持つための筆記課題

1意見文①（好きな場面を説明的に）※教材によりすばらしい・面白い
2意見文②（好きな場面を小論文風に）確かにAもいい。しかし、Bのほうがいい。
3意見文③（教材特設テーマで書く）
4物語詩の創作
5感想文（読書感想文型）

※全体読解の課題，発展読解の課題は，
発問・指示・説明をセット化し，設定する。

2 読解授業システムの活用法

「スイミー」（光村図書2年・東京書籍1年）の授業全体をシステム化したものを例示する。

全体指導計画（8時間）

第Ⅰの読解「音読読解」（1時間）……音読による言葉の把握、作品の概要理解

第Ⅱの読解「場面読解」（各場面1時間、合計5時間）……発問・指示を軸とした対話型授業

一の場面（課題1）「いつだれがどのようにくらしていたか」
（課題2）「スイミーについてわかることを見つけよう」
（課題3）「見出しをつけよう～きょうだいたちと楽しくくらしていたスイミー」

二の場面（課題1）「まぐろはどのようにつっこんできたか」
（課題2）「スイミーだけにげることができたのはなぜか」
（課題3）「見出しをつけよう～きょうだいたちを食べられかなしかったスイミー」

三の場面（課題1）「スイミーが見たものはなにか」
（課題2）「見出しをつけよう～面白いものに出会い元気になったスイミー」

四の場面（課題1）「スイミーが見つけたものは」
（課題2）「スイミーが考えたことは」
（課題3）「見出しをつけよう～赤い魚たちを守る方法をうんと考えたスイミー」

五の場面（課題1）「スイミーはどう行動したのか」

〈課題２〉「スイミーはいつ考えたのか」
〈課題３〉「見出しをつけよう～魚たちにおしえ大きな魚をおい出したスイミー」
第Ⅲの読解「全体読解」（１時間）……課題解決型授業による作品全体の読解
《課題》「スイミーを一文で要約しよう」
第Ⅳの読解「発展読解」（１時間）……作品に関わる課題について筆記による作品のメタ的読解
《課題１》「好きな場面を書こう」（説明的に・小論文風に）
《課題２》「他の作品と比べてどちらが好きかを書こう」　※課題１または２の選択

第Ⅰの読解「音読読解」は原則として一時間で行う。「追い読み」をしていく。この時間内のどこかで、教科書に段落番号をふらせる。一～五の場面番号も記入させる。

第Ⅱの読解「場面読解」から本格的な対話的な授業となる。一時間を「①場面の音読→②課題提示と解決→③見出しつけ」で構成する。各場面の課題は、二～三点。読解を進化させる発問・指示を用意する。場面読解の最後は「場面に見出し」をつける作業をする。場面全体を振り返る作業となる。

第Ⅲの読解「全体読解」の課題は、私がよく活用する定番課題の中から、ここでは「スイミーの変化」について一文で要約する作業を例示している。

第Ⅳの読解「発展読解」も、定番の課題を用意する。ここでは、二つの課題を例示している。いずれも、筆記作業となる。「スイミー」の計画・実践の中で詳述する。

3　第Ⅰの読解「音読読解」の方法

第Ⅰの読解は、「音読読解」である。新しい教材になったら、音読からのスタート。どこの教室でも見られる光景である。私の授業も、形はよく似ている。私は次のことを意識し、音読に臨む。

音読は読解の準備ではなく、すでに本格的な読解授業である。

作者の心に写っていたであろう映像を、音読することで、再度、頭の中に再現させるのである。作者の意図した映像に近い映像が再現されたとき、その文や文章を読んだことになる。

音読は、人それぞれ違っていいという声もあるらしい。とんでもないことだ。作者の意図した映像の浮上＝文章の理解は、音読の方法にかかっている。子どもの音読は、教師の音読にかかっている。さて、教師はどのように音読したらよいか。次の三点に集約される。

1　意味句読みをする……一つの映像で一つの間をあける
2　息の吐き出しと共に声を落としていく……自然な語りのイントネーション
3　文末・文節末で力まない

例えば、「お手紙」の最後の場面に出てくる次の文。

それから、ふたりは、げんかんに出て、お手紙の来るのをまっていました。

「読点一拍休み、句点二拍休み」という言説がいまだに現場にある。考えたいのは、読点の大半は、読み手が目で見て、理解しやすいように打たれているということだ。右の文の二つの読点がないと、「それからふたりはげんかんに」となる。たいへん読みにくい。「それから二人は玄関に」と漢字を使えば一気に目で見てわかりやすくなる。

右の文は、漢字を使わずに、読点で、見やすくしたのである。読点は黙読者のためのものと言っていい。次のように、読点で、一拍休みしていたら、とても不自然で、映像は浮かびにくい（＜は一拍あける記号）。

それから、＜ふたりは、＜げんかんに出て、＜お手紙の来るのをまっていました。

では、どう読むか。

・一映像…玄関に出る二人
・一映像…お手紙の来るのを待っている

この二つの映像を浮上させる。そのために、一つの読点だけで間をあける。これが、意味句読みである。

あえて、可視化してみると、次のようになる。

それから、⌈⌉ふたりは、⌈⌉げんかんに出て、<
お手紙の来るのをまっていました。

「それから」と「ふたりは」の読点は間をあけずに一気に読んでいく。大きく書いた文字は、息に余裕のある状態。実際には、高い声からの発声をするとよい。小さいポイントの字は、息が少なくなり、声量が落ちた状態を示す。

「げんかんに出て、」の次に間を入れる。間は、息を吸う「息つぎ間」と、息を留めるだけの「ため間」のどちらかである。実際に試してみて、ぴたりとくるほうにするといい。

これから授業をしていく教材をどう音読するか、私は、右のように、「意味句読み記号」を付していく。一〇回ぐらいは音読する。この音読記号を付す作業は、極めて実践的な教材研究となる。

第一時の授業では、次の指示で音読させていく。

> 先生の読むように読んでください。

教師が音読し、その通りに、一斉に音読させる。寺小屋などで行われていた素読に近い。現場では、

「追い読み」と言われている読みである。

教師の読みは、今、紹介した「意味句読み」で行う。一度、一文を読む。それを聞いて子どもが一斉に読む。子どもが一斉に読むとき、その声にかぶせるように、教師も読む。

「追い読み」の際、教師は同じ読みを二度行う。

これで、あっと言う間に、子どもの読みが変わる。今まで、「読点一拍休み」で読んでいた子は、「あれっ」と思う。その直後、「なるほど！」と思うはずである。このほうが心地よい。映像が浮かぶと。ここで、読解が生じるというわけである。

教師の音読―当初の子どもの音読＝新たな映像の喚起による読解

このように、音読は、すでに読解の授業なのである。

意味句読みの指導は、教師が教室で行う。一人で音読させる場合は、次のように言っている。

映像（絵）が浮かぶように、すらすらなめらかに読もう。息をはき出しながら読もう。

※文章の音読法については、拙著『岩下修の国語授業　国語力を高める究極の音読指導法＆厳選教

材』（明治図書）で詳述している。

4 第Ⅱの読解「場面読解」の方法

場面の授業課題を作る際、私の中に簡単な基本的図式が浮かぶ。

場面課題＝A発問内容＋B発問方法＋C指示

すでに紹介したように、発問内容一〇点、発問方法五点、指示一〇点を組み合わせていくことで多様な場面課題を生み出すことができる。

場面読解で一つの課題が提示され、解決されるまでの流れを示してみる。

(1)説明　課題をすることの説明や課題のねらい等の説明
↓
(2)発問内容　何について考えるかの提示
↓
(3)発問方法　どのように考えるかの提示
↓
(4)指示　作業・活動方法の提示
↓

(5)活動　課題解決に向けての作業・活動～発表・対話・討論
↓
(6)説明　課題解決についての説明

(1)説明＋(2)発問内容＋(3)発問方法で課題を提示する。(4)指示で課題解決に向けての作業・活動方法等を提示する。(5)活動で、課題解決に向けての作業、発表、対話等の活動が行われる。(6)説明で、この課題の解や答え、解決までの活動について教師から解説・評価を行う。なお、(1)の説明は短くしたり、省略したりすることが多い。

この課題の提示～解決構造は、「一問一答的」課題から、場面の課題、そして、作品全体の理解に向けての課題、さらに、批評的な見方・考え方を養う発展課題まで共通して適用できる。

例えば、「ふきのとう」（光村図書2年）の二の場面の中心課題。私が実際に行った授業を右の課題作りシステムに当てはめてみる。

(1)説明　「雪の下にあたまを出して」というのは、不思議な言い方ですね。「雪の上に頭を出して」なら、わかるのですが。
(2)発問内容　ふきのとうは、いったいどこにいるのでしょう。
(3)発問方法　〔断面図をかいた後〕ふきのとうは、今、A、B、Cのどこにいるのでしょうか。

A	外
B	雪
C	土

(4)指示ア　ペアで相談しましょう。
指示イ　時間は一分間です。
指示ウ　一つに賛成ということは、ほかのものに反対ということですね。反対意見を考えてください。時間は一分です。
(5)活動　反対意見の発表～対話
(6)説明　ふきのとうは、土から頭を出しているけど、その上の積もった雪の下のほうにいるということですね。書かれている言葉をもとに意見を言うことができました。

この課題の場合、課題作りシステムの(1)～(6)のすべてを使っている。

深い学びが生まれるためには、発問の質が決め手であると言われる。しかし、(2)の「ふきのとうはどこにいますか」という発問内容の提示だけでは、授業は動いていかない。対話は生まれない。

右の課題を見ていただくと、対話に至るまでに、説明、発問内容・発問方法を計画し、指示も三点用意している。事前に、細かく計画している。


対話がスタートしたときには、すでに、対話の成否はほぼ決まる。


この課題に対しては、次のような意見が出されるだろう。

〈Aに反対意見〉

・「そとが見たいな」とある。Ａは外が見えている。
・「おもたいな」とある。Ａにいるなら重くない。
〈Ｃに反対意見〉
・「あたまを出して」とある。Ｃはどこからも頭を出していない
・「雪をどけようと、ふんばっている」とある。Ｃはまわりに雪がない。
このように、ＡとＣに反対意見が出て、ＡとＣが「つぶれる」。
ここで、Ｂへの賛成意見を聞く。
〈Ｂの賛成意見〉
・「雪をどけようと」だから、まわりに雪があるＢに賛成。
・「おもたいな」は、雪が重たいのだから、Ｂに賛成。
もし、賛成意見から発表させていたら、対話はあっという間に終了となる。

ここでは、「反対から意見を出す」という「指示ウ」が、効いているということである。

> 意見の検討は、反対意見から発表させる。

対話・討論の際の原則として、この技術を活用したということだ。この方法を、おそらく何十回と使って授業してきた。このような先輩教師が生み出した「指導法文化」からたくさん学んできた。ほとんどは無意識化している。明日の授業を成功させるために課題を考える。そんなときに、ふとよみ

がえる。たった一つの指示も、「国語の指導法文化」に支えられて生み出されたものと言える。

5 第Ⅲの読解「全体読解」の方法

「場面読解」を終えた後、作品全体に関わる課題を設定して、その課題解決に向けて活動する。『小学校学習指導要領解説・国語編』に示された学習過程の「構造と内容の把握」に該当する。私がよくしている指導法について概説する。

(1) 主人公の心情・行動の変化の要約（ビフォー・アフター一文まとめ）

物語は、主人公の行動や知覚の記述により、主人公の感情、心情、考え方が記述されている。その主人公が、何らかの事件やできごとに遭遇することにより、変容する様子が書かれている。読者は、その変容ぶりを把握し、自分の行動と比較し、何らかの学びを持つわけである。

その主人公の変容ぶりを、できごとの、前と後とでまとめる。私は、主人公の「ビフォー・アフター一文まとめ」と呼んでいる。次の基本型でまとめる。

……（ビフォー）……だった○○〔主人公〕が、……により（よって）……（アフター）……になった話

「海の命」（立松和平）〔光村図書6年・東京書籍6年（表には「潮のいのち」）〕のときは、次のように指示した。

1発問　この物語をずばり一文でまとめるとしたら、どうなるのでしょうか。〔作品理解〕

2指示　「……だった〇〇〔主人公〕が、……により（よって）……になった話」とまとめましょう。

3指示　次の言葉を入れましょう。

・太一　・父　・与吉じいさ　・クエ　・村一番の漁師　・海の命

・家族（家庭）

4指示　八〇字から一一〇字でまとめましょう。

このように筆記作業させるときは、事前に教師もしておく。子どもたちに示す字数も決定できる。

授業では、子どもたちがまとめたものから、二点を選び、A、Bと記号を付し板書して問う。

1発問　AとBのどちらがいいですか。

2発問　どこを直したらいいですか。

意見を出し合い、添削、統合していく。この際、教師が事前に作成したものが役立つ。二つのよいところを統合し、あるクラスの決定版を示す。

小さいころクエにより父を亡くし、与吉じいさの弟子となり、海で生きていくことを学んだ太一が、父の死んだ瀬で見つけた巨大なクエを、父とみなし海の命と思うことによって、村一番の漁師であり続け、太一の家族まで幸せにした話。（一〇七字）

(2) 主人公の心情転換点の特定（主人公の心が一番変化した段落の検討）

主人公の心が変化した箇所を特定することで、心情の変化、考え方、人物としての成長等を読解する。「主人公のビフォー・アフター一文まとめ」に比べて、多様な意見が生まれ、対話的な授業になりやすい。基本としては、次の発問・指示がよい。

1 発問　主人公の心が一番大きく変化したのは、何段落ですか。　〔心情の変化・ダイレクト型〕
2 指示　その段落番号をノートに書いてください。　〔数指示&筆記指示〕

段落で問い、段落を検討する。これがみそである。三十代の半ば、段落に番号をつけることで、発問・指示が明確になることを知った。対話・討論もしやすくなることを知った。段落へのナンバリングで、国語の授業ができるようになったと言っても過言ではない。

「モチモチの木」（光村図書３年）の場合も、右の発問・指示で授業する。すると、次のような記述のある段落が出てくる。

ア　豆太が医者様をよばなくてはと思う段落
イ　豆太がなきなき走った段落
ウ　灯がついたモチモチの木を見た段落
エ　じさまから勇気のある子どもと言われた段落

話し合いでは、次のような意見が出るだろう。

・アに賛成…真夜中に外に出るのはいやだと言っていたのに、医者様をよびに行こうと思ったから。
・イに賛成…じさまのことを考え、なきなき走っているから。
・ウに賛成…勇気がないと思っていた豆太が灯のついた木を見て勇気があると思ったから。
・エに賛成…じさまから、おまえは山の神様の祭りを見たといわれ、勇気がある子どもと言われて、自分も勇気があると思ったから。

ウに賛成する子が多くなると予想される。「モチモチの木に、灯がついている」という豆太の言葉が根拠にされる。しかし、そのあと、医者様の話を聞いた豆太の思いは書いてない。

エの賛成者は、大事にしたい。五さいの豆太である。勇気がないと思っていた豆太が、じさまに言われて、自分も勇気のある子だったと気づいた。つまり、自分への考え方が変わった。このような理解が妥当である。

「アもイもウも、豆太の心は動いています。変わっています。感情は変化しています。エは、自分に対する見方・考え方が変わった可能性がありますね」

「心の変化」という曖昧なことを問うことで、逆に、心という言葉が持つ多様性について考えさせることができる。もし、厳密に「考え方の変化」を問えば、アやイは出ない可能性がある。検討もできない。エが出ない場合は、意見として、そっともぐり込ませておくとよい。

(3) 主題（作品の読者へのメッセージ）の特定

学習指導要領では、高学年の学習内容にも主題は出てこない。主題の検討は、物語の授業には欠かせない。主題の授業を、私は一時間で行う。複数の主題を提示し、どれがよいかを問う。

「やまなし」（光村図書6年）の場合、次のように提示した。

1説明 物語には、主題というものがあります。その作品から伝わってくるメッセージ。その作品が読者に言いたいことです。同じ話でも、その人の置かれた立場、環境や、その人の経験したことによって、主題は違って見えてきます。

2発問 「やまなし」の主題はどれですか。

①生が生まれるところには死があり、死があるところには生がある。

②生と死とがとなりあっている現実を見つめ、精一杯生きていこう。
③子どものために親はできるかぎりの知識を与えていくのだ。

3指示　右の三つの中で、今の自分に一番ぴったりの主題を選び、番号を書きなさい。

主題は、教師が精一杯、検討したものを提示する。

作品によっては、低学年でも、主題を話題にすることが可能である。「かさこじぞう」（教育出版2年・東京書籍2年・学校図書2年）をしたとき、最後に主題を話題にした。

1説明　物語には、主題というものがあります。主題とは、その作品が読者に一番伝えたいことです。作品から読者へのメッセージです。

2発問　「かさこじぞう」の主題は、次のどれでしょう。
①よいことをすると自分にもよいことがおきるということ。
②人の心や行動は、だれかが見てくれているということ。
③世の中には、すごくやさしい人がいるということ。
④物がなくても、しあわせなくらしをしている人がいるということ。

3指示　次の中から、一番いいと思うものを一つ選び、ノートに番号を書いてください。

主題という言葉を初めて聞く子どもたちである。「1説明」だけでは、何のことかわからないだろう。ところが、「2発問」の中の①〜④を読むことによって、「そうそう、あるある」となる。

まず、個人で選択し、話し合い、最後に、再度、選択させる。「今の自分の決定版」を特定する。

話し合いで、わたしは、①から②に変えました。なぜなら、じぞうさまが見ていたので、よいお正月をむかえることができたからです。

二年　Kさん

物語には、このような主題＝メッセージが流れているということを知る機会になる。

⑷　ネーミングで人物像を明らかにする

人物の性格、人柄、人物像を把握させたい教材がある。「どんな性格でしょう」「どんな人柄でしょう」では、知的な活動にならない。こんなとき有効なのが、「ネーミング法」である。

前述の通り、「ごんぎつね」の二の場面のとき、ふと思いついて、「〇〇ぎつね」と名前をつけさせたら、「物知りぎつね」「知りたがりやぎつね」「好奇心ぎつね」等と次々と出てきた。

ネーミングすると、不思議に映像が浮上する。複数出てくることで人物像が明らかになっていく。

「モチモチの木」の場合、次のような発問・指示をした。

1説明　一の場面の見出しは「おくびょう豆太」となっています。いろんな豆太が登場します。

2指示　「〇〇豆太」という言い方で、豆太に名前をつけてあげましょう。ネーミングしてあげ

ましょう。五つ以上、ノートに書きましょう。〔数指示〕

一人でノートに書く。ペアで話し合う。全体の前で発表する。発表されたものを全部、板書する。

指示　豆太のネーミングとして、採用か不採用か、発表してもらいます。ちょっとこれはおかしいな、不採用だなというものを言ってください。

「モチモチの木に名前をつけた豆太」は長いので、「モチモチの木名づけ豆太」となった。採用となったものを、話の順番に並べていくと次のようになった。

①　ひとりでしょんべんできない豆太
②　しょんべんじいさま起こし豆太
③　じいさまっ子豆太
④　かわいい豆太（じさまの思い）
⑤　かわいそう豆太（じさまの思い）
⑥　モチモチの木名づけ豆太
⑦　もち大すき豆太
⑧　いばりんぼう豆太
⑨　みっともない豆太
⑩　ぶるぶる豆太
⑪　小犬みたいに走り出した豆太
⑫　なきなき豆太
⑬　おぶわれ豆太
⑭　けとばし豆太
⑮　灯のついたモチモチの木見た豆太
⑯　医者さまてつだい豆太
⑰　勇気ある豆太（じさまのことば）
⑱　やさしさ豆太（じさまのことば）
⑲　しょんべん起こし豆太

何と、一九の豆太が出てきた。

「すごい。去年の三年生は、一二しかできなかった。ベスト記録です」

④⑤だけは、「じさまの思い」ということで板書に付記。同様に、⑰⑱は、「じさまのことば」と付記した。このネーミング作業は、豆太の状況、行動、人物像、じさまとの関係を時系列で把握していくことになる。

(5) 対比・類比で作品理解

対比・類比の作業で、内容の理解、作品の構造、主題まで、明らかになっていく教材がある。「一つの花」(光村図書4年・教育出版4年)もその一つである。

まず、「戦争中」と、「十年後」で、対比させる。

1発問 戦争中と十年後とでは、何がどう変わったでしょう。〔対比的に問う〕

2指示 「戦争中は……だったけど、十年後は……」という言い方で、次のようにまとめましょう。〔条件指示〕

次のように板書していく。はじめの一つ二つは、教師がモデルを示した後、個人で考えさせる。

〔戦争中〕　↔　〔十年後〕　〔戦争中〕　↔　〔十年後〕

①おいも豆かぼちゃ↔お肉・お魚　⑦おぶわれたゆみ子↔スキップするゆみ子

②一つだけ　　　　⟷どっちがいい
③小さなゆみ子　　⟷小さなおかあさん
④食べさせてもらう⟷自分でつくる
⑤おとうさんいる　⟷おとうさんいない
⑥家　　　　　　　⟷とんとんぶきの家

⑧あやされていた子⟷自分で買い物
⑨一輪のコスモス　⟷いっぱいのコスモス
⑩ごみすて場　　　⟷家のまわり
⑪ばくだんの音　　⟷ミシンの音
⑫お母さんのかばん⟷買い物かご

対比作業で大事なことは、観点をはっきりさせることだ。「……という観点で考えると……」と発表させていく。ある観点から見ると確かに対比になっているという発見。その度に、読解が深化していく。最後は、発表された「対比」から気に入ったものを選択させ、理由を筆記させ、発表させる。

対比の次時は、類比をする。

1発問　戦争中も、十年後も、変わらないことはなんでしょう。〔対比的に問う～類比〕
2指示　「戦争中も、十年後も……という点は同じ」という言い方でまとめましょう。〔条件指示〕
3指示　ペアで相談してください。〔活動指示〕

戦争中と十年後の類比点を検討する。十年後のゆみ子や、母親の状況、行動、心情があまり書かれていない。「2指示」を示して考えやすくさせる。「3指示」を出し、ペアで考えさせる。

「戦争中も、十年後も、コスモスの花が出てくることは同じ」

「戦争中も、十年後も、食べ物が出てくることは同じ」

「戦争中も、十年後も、まだ、ぜいたくなくらしができていないことは同じ」

「戦争中も、十年後も、ゆみ子とお母さんがくらしていることは同じ」

「戦争中も、十年後も、お母さんは、ゆみ子を大事に育てているということは同じ」

「戦争中も、十年後も、やさしさのある家族であることは同じ」

私も本気で考えて発言。教師と子どもとの共同作業で、主題らしきものが見えてきた。

(6) 作中人物同士の手紙筆記

登場人物へ手紙を書く。以前からよく行われてきた手法である。私はしたことがなかった。「ごんぎつねに手紙を書く」等と書かれた指導案を見ると、正直嫌だなと思ってしまう。もし、「岩下先生、ごんぎつねに手紙を書いてください」と言われたら、私はお断りしたい。ごんとつながりのない私は、ごんへの手紙を真剣に書く気がしない。ところが、兵十から、加助(物が置かれることに対して神様のしわざだと兵十に言った人物)への手紙なら書ける気がする。もう一度、加助と兵十のやりとりを読む必要がある。人物同士の手紙の筆記なら、その作業の過程で、読解が深化しそうである。全体読解として、機能する。

「アレクサンダとぜんまいねずみ」(教育出版2年)をしたときは、次のように指示した。

1指示 人物同士で手紙を書いてみましょう。登場人物であるアレクサンダ、ウイリー、とかげ

の他に、アニーにも出してあげてもいいでしょう。〔条件指示〕

2指示　「…ウイリーへ」「…とかげさんへ」等と、最初にあて名を書きます。最後は、「…ウイリーより」と差し出し人を書きます。〔条件指示〕

アニーとは、かつてかわいがっていたぜんまいねずみウイリーを捨ててしまった女の子である。物語には登場してはいない。その登場していないアニーへの手紙が、逆に面白い。

Kさんが書いた、ウイリーからアニーへの手紙。

アニーへ

今、ぼくはねずみのアレクサンダといっしょにすんでいます。昔はかわいがってくれてありがとう。ぼくは本当のねずみになったんだよ。ぼくのことをこわがらないでね。アレクサンダのこともだよ。この手紙がとどいたら、家族に見せてね。なぜかというとぼくのことと、アレクサンダのことを家族にこわがらないでもらいたいからだよ。ぼくもアレクサンダも、これからかわいがってね。ほくは、いつまでもアニーのことが大好きだよう。

ウイリーより

捨てられたのに、「昔はかわいがってくれてありがとう」とお礼を言い、ねずみになっていることを報告。こわがらなくてもいいと家族に言ってほしいとも。この手紙に私は赤ペンを入れた。「アニーからの返事が楽しみです」と。そしたら、Kさんはアニーからの返事を書いた。アニーは、「手紙を見てなみだを流した」とある。アレクサンダも好きになったとも。手紙でドラマが生まれた。

ごめんねウイリー

手紙をありがとう。私は、あの手紙を見て、なみだを流したよ。前は、本当にごめんね。あの手紙は家族に見せたよ。これからは、うちのペットみたいにかわいがってあげるから、おうちにおいで。あの手紙を見たら、ウイリーのことだけじゃなく、アレクサンダのことも、大好きになったよ。ずっとずっと、お気に入りのねずみだよ。こんどおいでね。

アニーより

(7) 特設テーマ（作品理解を深化させる独自課題）

作品理解を一気に深めるその作品固有の特設テーマも考えられる。その一例を示す。

① 「はなのみち」（光村図書1年）

1発問 （絵を見せて）不思議です。近くにも動物がいるのに、くまさんは、なぜ、りすさんのところへ聞きにいったのでしょうか。↓「ともだち」と書いてある。〔不思議と問う〕

2発問 （動物がいる丘がかかれた二つの絵を見せて）違うところを見つけましょう。〔対比的に問う〕

3指示 「前の絵は……だけど、後の絵は……」という言い方で言いましょう。〔条件指示〕

4指示 「前の絵は……。後の絵は……」とひと言で言ってください。↓冬と春〔条件指示〕

5発問　春になったとは書いてありませんよ。→「あたたかいかぜ」と書いてある
〔ゆさぶって問う〕

一年生初めての物語教材。絵を見ながら、問題の答えは、文章中に書いてあることを体験させたい。

②　**「ちいちゃんのかげおくり」（光村図書3年）**

指示　ちいちゃんを生き返らせよう。「ちいちゃん、ちいちゃんという声が聞こえてきました。ちいちゃんが目をあけると、おかあさんでした。……」というように、続きを書こう。そこに、はなればなれになったおにいちゃんも登場させよう。
〔条件指示〕

偶然が重なって、ちいちゃんは一人ぼっちになってたおれてしまう。が、最後は、お母さんが見つけてくれたのである。何と、お兄ちゃんもいる。そのように創作する。

③　**「初雪のふる日」（光村図書4年）**

1指示　この話のファンタジーの入り口と出口を見つけよう。
〔探索指示〕

2発問　女の子は、夢を見たのではないことは、どこでわかるか。
〔探索指示〕

「1指示」は、ファッタジー作品の定番テーマである。「2発問」では、「女の子は実際、遠くの町まできている」ことが指摘されるだろう。非現実の世界で主人公が変容する面白さを味わわせたい。

④「大造じいさんとガン」（光村図書5年）「大造じいさんとがん」（教育出版5年）

発問 不思議です。残雪に向かって、「おうい。ガンの英雄よ。……」と叫んだことが。にがす前に、おりの中にいる残雪を見ながら言ったほうが思いが伝わると思うのだけど。

〔不思議と問う〕

「不思議型発問」である。目の前にいる残雪に語りかけるような音読もさせてみる。大造じいさんの人物像を考えるきっかけとなる。

6 第Ⅳの読解「発展読解」の方法

第Ⅲの読解（全体読解）を終えた後、発展読解をする。教材にふさわしい型で筆記させる。相互に読み合いコメントを書いて交流させる。教師が読んで紹介するときもある。筆記の型を提示し、作業させる。

(1) 意見文1…好きな場面を説明的に書く

発展読解の中で、一番多様しているのが、「好きな場面」の筆記である。「好き」は、教材に応じて、「すばらしい・おもしろい・すぐれている」等に変更するとよい。ノートに筆記させる場合の指示の例。

1指示　この物語で一番好きな場面を次の書き出しで五行以上書いてください。
①私は、（　）の場面が好きです。
②（私が）一番好きなのは（　）の場面です。

2指示　①か②で好きな場面を書いたら、次のように書いていきます。
ア◯◯の行動がすばらしいからです。◯◯は…。　※その◯◯の行動を書く。
イ◯◯の行動にびっくりしたからです。◯◯は…。　※その◯◯の行動を書く。
ウ◯◯の心がわかるからです。◯◯は…。　※その◯◯の心を書く
エ映像が浮かぶからです。　※その浮かんだ映像を書く。

3指示　◯◯の場面も好きです…。

「3指示」は、早く書き終えた子のためのものである。好きな場面を次々と書く子も出てくる。

スーホの白い馬　二年　Mさん

わたしは、四の場面がすきです。白馬は矢がささっても、スーホのところに走り続けます。スーホのこと

をよほどすきだったことがわかります。白馬の走る姿を考え、私は泣きそうになりました。

六の場面もすきです。スーホはねむりこんだとき白馬の夢を見ました。かなしまないでがっきを作るように白馬から言われます。馬頭琴を作ることで、いつもいっしょにいることができてよかったです。


なお、時に、作文用紙を配布し、意見文の筆記として、四段落で書かせる。その一例。

きつねのおきゃくさま　二年　Ｉさん

「きつねのおきゃくさま」の学習をしました。お話の中で、とくにすきなばめんをしょうかいします。

一ばんすきなのは、四のばめんです。きつねの行動がすばらしかったからです。おおかみがきたとき、「まだいるぞ。きつねがいるぞ。」ととび出します。ひよこたちを守ろうと、「ゆうきりんりん」とたたかいます。そして、自分はきずつきながら、おおかみをおい出してしまいます。

もう一つすきなのは、六のばめんです。ひよことあひると、うさぎのかなしいきもちがよくわかるからです。きつねがしんだとき、これからは、自分たちで、おたがいにやさしくしようという気持ちになったと思います。

きつねは、親切にしているうちに、本当にゆうきのあるお兄ちゃんになったと思います。

(2) 意見文２…好きな場面を小論文風で書く

次の形で、好きな場面についてまとめる。

指示　次の書き方で、好きな場面を紹介しましょう。〔条件指示〕

「確かにAの場面も好きです。……（好きなところ、または理由）。……しかし、わたしは、Bの場面のほうがより好きです。なぜなら、……（理由）……」

この筆記法は、樋口裕一氏の小論文の筆記法から学んだものだ。立命館小時代に指導を受け、いち早く取り入れた。今も活用し続けている。本来、四部構成からなる。右のまとめ方は、樋口式のエンジン部である二部と三部を取り出したものだ。この形なら、簡単にノートに筆記できる。

たしかに二の場面もすきです。白馬の心がよくわかるからです。ひつじたちにとびかかろうとしていたおおかみを必死にふせごうとしていたのがすごいです。スーホが気がついてよかったです。しかし、私は五の場面がよりすきです。

なぜなら、白馬の行動がすごいからです。せなかに矢がささってもあきらめないでスーホのもとへ走り続けました。はをくいしばって矢をぬいたところはスーホのくやしさがよくわかりました。

作文用紙に、四部構成で、小論文風に筆記させることもする。その一例を示す。

やさしいスーホと白馬　　　　二年　Hさん

1国語じゅぎょうで「スーホの白い馬」をしました。どの場面がすばらしいかを書きます。

2たしかに、六の場面もすばらしいと思います。スーホの気持ちがとてもわかります。「白馬をころされたくやしさ」や、「白馬と草原をかけ回った楽しさ」を思い出しながら、馬頭琴をひくところがとてもいいです。でも、わたしは、五の場面のほうがいいと思います。

3なぜなら、白馬とスーホの心がよくわかるからです。「走って、走って、走りつづけた」と書いてあるので、白馬はとても遠いところから、大すきなスーホのところへ帰ってきたということがわかります。また、スーホがやをぬくときに、「はをくいしばりながら」と書いてあるので、スーホは、白馬のことが大すきだったことがわかりました。

4このように考えたけっか、白馬とスーホの心がすごくわかる五の場面のほうがすばらしいと思いました。

※1～4の段落番号を付した作文用紙に筆記

2段落の最後に、「しかし（でも等）……、わたしは……のほうがいい」と意見を表明したうえで、次の3段落で、その理由を筆記するというのが、樋口式の真骨頂である。その型を、二年生でもうまく活用してまとめている。文学か論理かでなく、文学で論理を身につけることもできるという一つの事例である。文学というすぐれた素材があるから、論理的に対応しようという気になる。

(3) 意見文3…教材特設テーマで書く

授業で話題になったことをテーマにして、意見を書かせる。

「やまなし」（光村図書6年）をしたときは、次のテーマを掲げた。

① 「やまなし」の主題は何か。
② 「やまなし」で重要な色は、青か黄金か。
③ 子がにたちは、この場面ではじめてやまなしを見たのか。
④ 五月と六月とどちらがすぐれているか。

この中から、選択して、意見文（樋口式小論文の形式）を書くのである。その中から、Tさんのものを紹介する。

「やまなし」の主題　　六年　Tさん

国語の授業で、「やまなし」の主題について話し合った。

確かに、「子どもの自立・成長を助け見守る父の喜び」という主題にもよいところはある。例えば、子がにの「おいしそうだね、お父さん」という言葉に対する「待て待て。もう二日ばかり待つとね。こいつは下へしずんでくる」と自信を持って説明する父の言葉には、喜びが表現されている。しかし、わたしは、それを主題にすることに反対する。

なぜなら、かわせみややまなしで、生と死について表現しているからだ。生き物の生死について、色や、かにたちの言葉でたくさん表現されているのに、作者が読者へ伝えたいことが、「父親の喜び」であるはずがない。作者が伝えたいのは、「生のあるものは死ととなり合わせで生きている」ということだ。「やまなし」の中には、黒、白、青、黄など色が出てきているが、その色が意味するものは「生と死」である。

以上のことから、わたしは、「子どもの自立・成長を助け見守る父の喜び」に反対する。

授業で、主題を話題にしたときに、次の三点に絞られた。

ア　子どもの自立・成長を助け見守る父の喜び
イ　生あるところに死があり死があるところに生あり
ウ　生と死の現実を知り今をせいいっぱい生きていこう

この話し合いの中で、イへの賛成意見を述べていたTさんは、この評論文では、アへの反対意見をまとめている。ただし、「確かに……」以降、アのよさを述べた箇所のほうが、その根拠がはっきりと示された文になっているのが面白い。主題とは、「作品から読者へのメッセージ」として、その読者の置かれた状況や年齢により違って見えてくると説明した。

(4) 物語を詩にしよう…物語折り句作り

物語のタイトルを折り込んだ「物語折り句」を作る。私は、この手法を三〇年ぐらい前からしている。折り句という制約＝型に支えられ、やるたびに、面白いものができる。

「かさこじぞう」（教育出版２年・東京書籍２年・学校図書２年）でもしてみた。

指示　「かさこじぞう」という言葉を使って、このお話に合う詩を作ってみよう。
一行目は、「か」から始まる言葉、二行目は、「さ」からというように作りましょう。

実際に作ったものを見せる。「じ、ぞ」など濁った音は、「し、そ」でもよいことを言っておく。

かさこじぞう　　岩下

かさこはいらんか
さあさあかってくだされ
こりゃだめだ
じぞうさまにかぶせよう
それでええ、それでええ
うれしかったじいさま

かさこじぞう　　二年　Sさん

からだがこおるじぞうさま
さむいさむいふぶきの中でたえぬいた
こおるからだにはしみとつららがあった
じいさまはかさこをかぶせた

ぞくぞくするふぶきをじいさまもたえぬいた
うしろをふりかえり、これでええとじいさま

「しみ」「つらら」の挿入がいい。「じいさまもたえぬいた」「ふりかえり」は文中にはない。みごとな挿入。

かさこじぞう　　二年　Kさん

「かあかあ、夕方ですよ」と
さそうように鳴くからす
こまったのう、どうしようのう
じいさま、とぼとぼあるいていると
ぞ、ぞ、ぞとあやしい音がした
「ううう、さむい」じいさまは思う

「か」をからすの「かあかあ、夕方ですよ」からスタート。その後は、「こまったのう」じいさまの思い、「あるいている」行動を書き、「ぞ、ぞ、ぞ」という鳴きがし、最後は、「ううう、さむい」とじいさまの思いをかぎ括弧を使ってまとめている。文章中にはない言葉で、じいさまの言動、心情を描いている。おみごと。私は、まったく直していない。

タイトルだけでなく、物語に出てくる人物や物などを折り込んで書かせる。Oさんが、じいさまと

ばあさまをセットにして書いてきた。

じいさま　　二年　○さん

じかんがたったら、ばあさまがしんぱいするじゃろうのう。
いつもしんぱいしてくれて心強いのう。
さぞ、つめたそうなじぞうさまが六人も。
まもってあげよう、かさこでな。

ばあさま　　二年　○さん

はやくじいさまかえってきておくれ。
ああ、じいさまだいじょうぶだったかい。
さあさあいろりにきてあたってくだされ。
まあ、そんないいことをしたのか。

※読点は岩下による

きまった言葉を折り込むという作業が、テキストを読ませる。物語の想像を膨らませる。

(5)　作品の感想文（主人公の行動と自分の行動の対比・類比）

文字通り、物語の感想文を書かせる。次の四段落構成で書かせる。

1 物語の要約筆記
これは、……だった○○が、……によって……になった話です。

2 人物の行動筆記
○○（ある人物）の行動で、一番心に残ったのは……です。

3 その人物の行動を読み、思い出した自分の行動
わたしも（は）……したことがあります。

4 その人物の行動と似ているところ、違うところ。これから自分が行動したいこと
わたしは、これから……。

1段落は、「作品全体読解」の一つ「人物のビフォー・アフターの一文まとめ」を書く。次に、一人登場人物を選び、心に残った行動を書く。3段落では、主人公の行動を知り、思い出した自分の行動を書く。最後には、物語の人物の行動と、自分の行動との類似点、相違点を書き、今後の自分に生かしていく。

感想文「お手紙を読んで」　二年　Kくん

いつまでも友だちでいたいな

国語のじゅぎょうで、「お手紙」をしました。お手紙をもらったことがないがまくんにかえるくんが手紙を書いて、二人ともしあわせになるというお話です。

一番心にのこったのは、かえるくんです。かえるくんがしたことで、「すごいな。」と思ったのは、お手紙を書いたことを言ってしまったことです。わたしも、はじめは、「何で言ってしまったのだろう。」と思っていたけれど、よく考えると、「いいな。」と思いました。それは、もうあきあきしているがまくんに、よろこんでもらえるように言ってしまったと思ったのです。

わたしにも友だちがたくさんいます。その中でも、YさんとNさんといっしょにあそびます。Nさんは、一年の時、「いっしょにあそぼう。」と言ってから、今でもなかよしの友だちです。Yさんは、一年生の時は、同じクラスだったけれど、あまりあそんだことがありませんでした。けれど、今は、一番の友だちです。三人はなかよしの友だちです。手紙のやりとりはしています。

これからは、わたしもかえるくんのように、友だちを幸せにすることを決意しました。けんかなく、楽しくすごしたいです。「いつまでも友だちでいたいな。」

この四部構成による物語の感想文の筆記は、第Ⅳの読解（発展読解）だけでなく、あらゆる物語の読書感想文筆記の際に活用できる。型を活用することで、感想文筆記が、論理的思考を引き出すことになるから面白い。

(6) 他作品と対比しどちらが好きかを小論文風に筆記

他の作品と比べさせ、どちらが好きかを筆記させる。「好き」は、教材、学年に応じて、「よい」「お気に入り」「すばらしい」「すぐれている」等と変える。

ある年の四年生。「一つの花」（教育出版4年・光村図書4年）を学習した後、「すずかけ通り三丁目」を読ませた。どちらがすぐれているかを筆記させた。

1　○○と○○では、どちらがすぐれているのか検討する。（問題提起）
2　確かに、○○もすぐれている。……しかし、私は、□□のほうがすばらしいと考える。（意見提示）
3　なぜなら、□□は、……理由……からだ。……。（展開）
4　このように（したがって）、……と考える。（結論）

ここでは、右に示した樋口式小論文筆記法を活用し、四部構成でまとめさせた。

子どもを思う親の心　　四年　Mさん

「一つの花」のあと、「すずかけ通り三丁目」を読んだ。どちらの作品がすばらしいか考える。

確かに「すずかけ通り三丁目」もすばらしい。子どもが戦争で死んだ日に、松井さんの車にのった女の人が、昔あった家にもどっていく。この日だけ、女の人は子どもに会える。読んでいて、少しうれしい気持ちになる。しかし、私は、「一つの花」のほうがよりすばらしいと思う。

なぜなら、出てくる人たちがすばらしいからだ。戦争中の物のない時でも、お母さんは、「一つだけー。」と言って、自分の食べ物をゆみ子に与える。お父さんは。ゆみ子とお母さんのために、コスモスをとりに行く。家族を思うお父さんの姿が目に浮かんでくる。十年後、お父さんはいない。買い物にいくゆみ子の元気な姿が出てくる。お母さんが一人でくろうして育てたのだろう。
二つとも、戦争のこわさが伝わってくる。子どもを思う親の心がわかる。

二年生で、「きつねのおきゃくさま」の後、「スイミー」をした後に、小論文の型で書かせたときのものを紹介する。対比的に筆記し、最後は、共通項を見つけた。論理的思考が発生している。

勇気があるスイミーときつね　二年　Nくん

二年生になって、二つの物語を学習しました。「きつねのおきゃくさま」と「スイミー」です。
たしかに、「きつねのおきゃくさま」もすきです。りゆうは、ひよことあひるとうさぎをたすけるために、一人でとび出していったきつねに勇気があると思ったからです。きつねは、小さいのにおおかみをおい出したのがすごかったです。しかし、ぼくは、「スイミー」のほうがよりすきです。
なぜなら、大きな魚をおい出すスイミーの考えがすばらしいからです。スイミーは、自分が黒いから目になるとかんがえたのが、かしこかったと思います。スイミーは、大きな魚をおい出すのに、自信があったと思います。
二つの物語とも、だれかがあぶないときに、たすけたのがすごいと思いました。

「海の命」（6年）の授業の後、「きつねの窓」（教育出版6年）と比べ、樋口式で筆記させた。

「海の命」のほうがすぐれている　六年　Yくん

立松和平の「海の命」の授業をした。前にした「きつねの窓」とどちらがすぐれているか検討する。

確かに、「きつねの窓」もすばらしい。きつねのやっている染め物屋に主人公の少年が入り、最初は「おかしさが、くつくつとこみあげて」きたが、最後は、「おどり上がる」ほどうれしくなった。この少年の大きな心の変化は共感できるものがある。しかし、私は「海の命」のほうがすぐれていると考える。

「海の命」は、「きつねの窓」と対照的に太一の一生が描かれている。初め幼い頃は、「おとうといっしょに海に出る」と考えていたのだが、おとうが死んでしまい、与吉じいさに「海の命」の考え方を学んだ。後に、与吉じいさも死んでしまい、太一が「村一番の漁師」として一人で生きていく。何年ももぐり続けてやっと、父を打ち破った「瀬の主」に出会った。太一はこの「瀬の主」を殺さないと本当の意味での「村一番の漁師」になれないとわかっていてもわざと殺さなかった。太一の心の中の葛藤の末この判断をしたことに感動する。

したがって、「きつねの窓」より「海の命」のほうがすぐれていると考える。

「やまなし」(6年)の授業の後、「いちょうの実」を紹介した。両者の相違点、類似点を筆記させた。

賢治が伝えたい理想の親子関係　　六年　Kくん

宮沢賢治の「やまなし」と「いちょうの実」の両作品について検討し、宮沢賢治の思想について考える。

まず、両作品の相違点を書く。「やまなし」ではお父さんが親として登場するが、「いちょうの実」ではお母さんが親として登場する。また、「やまなし」では、動くものが登場人物だが、「いちょうの実」では、動かないものが登場人物である。「やまなし」では、長い時間のことを書いているが、「いちょうの実」では、短い時間のことを書いている。

次に、両作品の類似点を書く。「やまなし」も「いちょうの実」も、人間ではない動物や植物が登場人物であることは同じである。宮沢賢治の作品では、人間ではない登場人物がしゃべったり、何か行動するということが当たり前のように書かれている。また、「やまなし」も「いちょうの実」も親子関係が濃密であるという点では同じである。「やまなし」では、父親一人に対して子二人という関係で父親は、子に常に心を配って大切に育てている。「いちょうの実」では、母親一人に対して子は千人と、とても母親は全員を全力で育てるのはきびしい状況だが、母親はできるかぎりの世話を子にしている。両作品ともに、親が全力で子を世話し、子は全力で親についてくるという点では同じである。

両作品を検討した結果、わかったことがある。「親が子に言ったことを子が素直に聞いて、子が親に聞いたことを親が子にちゃんと教える。」この理想である、原点である親子関係が、賢治が生きていたころから現代にかけて見られなくなってきている。賢治は作品を通してこの現実を私たちに気づかさせてくれる。賢治は亡くなっても、作品で常に私たちにメッセージを送り続けてくれている。


「やまなし」と共通項を持った「いちょうの実」を紹介したのがよかった。相違点と類似点を筆記させ、まとめで共通項を筆記させたのがよかった。この説明的作文筆記法については、拙著『岩下修の国語授業　書けない子をゼロにする作文指導の型と技』（明治図書）を参照していただきたい。

三章

深い学びを成立させる
物語授業の全発問・全指示&解説

二章で述べてきた、物語授業の読解システムを活用した、一教材の指導法を紹介する。「全体指導計画」から「場面読解」、「全体読解」、「発展読解」における発問・指示を軸とした指導法をまるごと紹介する。

教材は、光村図書の二年生の国語教科書から「ふきのとう」「スイミー」「お手紙」の三点を選んだ。すべて、物語の読解の面白さをたっぷり味わわせ、深い学びを生み出すことができる教材である。予想される子どもの反応や活動も示した。なお、「全体読解」「発展読解」の中で掲載する文章は、すべて、実際の授業で生まれたものである。

指導法は、授業するたびに、何度も何度も改訂したくなる。毎年、バージョンアップしている。ここで紹介するのは、その最新版である。

1 「ふきのとう」（光村図書2年）

1 「ふきのとう」をどう授業するか

作者は、詩人の工藤直子さん。「ふきのとう」も全編、見事な詩になっている。音読すると自然にリズムが生まれる。

教科書（光村図書）の単元名は、「おはなしを音読しよう」（平成27年度版）、「おはなしを読み、やくにわかれて音読しよう」（令和2年版）と音読活動が軸となっている。

この作品は、登場人物が次々と出てきて行動する。思いを語る。

二の場面は、ふきのとうだけが、登場人物のように見える。ところが、自然物として登場している雪が、次の三の場面では、「ごめんね。」とふきのとうに言う。ということは、雪は、二の場面でふきのとうの言葉を聞いている。何と、自然物ではなく、すでに、人物として登場していると考えられる。その後、竹やぶ、お日さま、はるかぜと、次々に人物が登場してくる。登場人物とは何かを考えさせることができる。

五の場面のお日さまだけが、他の人物とは違い、まるで神様のように登場するのも面白い。最後は、お日さまの命令を受けた、はるかぜのひとふきと、ふきのとうのがんばりで、めでたく、ふきのとうが顔を出す。

確かに音読だけでもこの作品を味わうことができる。が、登場人物の行動や心情を話題にさせ、音読では生まれない映像も生じさせたい。そのための発問・指示を用意したい。全体読解は、主人公ふきのとうの「ビフォ・アフター」でまとめる。物語を読み、語り合い、深い学びを体験させる格好の教材である。

②全体指導計画（全10時間）

「ふきのとう」を七つの場面に分ける。全一〇時間で授業する。

第Ⅰの読解「音読読解」（1時間）…音読による言葉の把握、作品の概要理解

〔構造と内容の把握（全体1次）〕

第Ⅱの読解「場面読解」〔各場面1時間、合計7時間〕…発問・指示を軸とした対話型授業

〔構造と内容の把握（場面）〕

〔精査・解釈（場面）〕

①一の場面「ささやいた竹のは」

②二の場面「ふきのとうはどこにいる」

③三の場面「ごめんねとつぶやいた雪」

④四の場面「ゆれておどりたい竹やぶ」

⑤五の場面「何でも知っているお日さま」

⑥六の場面「目をさましたはるかぜ」

⑦七の場面「ついにかおを出したふきのとう」

第Ⅲの読解「全体読解」〔1時間〕…課題解決型授業による作品全体の読解

〔構造と内容の把握（全体2次）〕

◎「ふきのとう」の一文まとめ

「……だった〇〇が……により……になった話」

第Ⅳの読解「発展読解」〔1時間〕…作品に関わる課題について主に筆記による作品のメタ的読解

◎「ふきのとう」で好きな場面の筆記～発表

〔考えの形成〕〔共有〕

3 指導の実際

第Ⅰの読解「音読読解」

新しい教材に入ったその第一時。まずは、全文を音読する。教師の音読を聞き、一斉に音読をする。教師の音読が、決定的に重要である。例えば、次のような文がある。

「雪が　まだ　すこし　のこって、あたりは　しんと　して　います」

これを意味句読みすると、次のようになる。（イメージ図）

雪がまだすこしのこって、く　……一つの映像（意味句）
あたりはしんとしています。　……一つの映像（意味句）

二つの映像からなる一文と考える。いつもの自分の発声の高さより、少し高いところから、「雪が」を発声する。息を吐き出しながら発声していき、「のこって」で、息を全部吐き出してしまう。自然に声も低くなる。ここで間（く）をあけ、息を吸う。

息つぎをした後、「あたりは」は、また少し高いところから出て、息を吐き出しながら声を落としていく。「分かち書き」は見てわかりやすいようにつけられたものだ。音読の際は、無視してよいだろう。

文章音読は、「一映像一つの間」で読む。「意味句読み」をする。

この音読読解法については、「音読読解の方法」（46ページ）を参照されたい。

第Ⅱの読解「場面読解」

教科書では、最初の「竹やぶ」と「ふきのとう」が登場する文章の間がつながっているように見える。同じく、「お日さま」と「はるかぜ」が登場する箇所もつながっているように見えるが、「竹やぶ」「ふきのとう」「雪」「竹やぶ」「お日さま」「はるかぜ」「めを出すふきのとう」が登場する箇所を一つの場面としたほうが授業しやすい。七つの場面として授業を組み立てる。

❶一の場面「ささやいた竹のは」

「追い読み」の後、「『ささやいています』に線を引いてください」と指示〔筆記指示〕。

「簡単なことを聞きますから、手を挙げる準備をしてください」と指示〔活動指示〕。

子どもたちは、一刻も早く手を挙げようと準備。教師が言う前から手を挙げる子も出る。そんなときは、

「お手つきです。手は机の上です」

教師が何を言うかと、子どもたちが口元を見る。そんな中で問いかけていく。

一の場面・課題1「ささやいているのはだれ？」

1発問 ささやいているのはだれですか。〔人物を問う〕

2指示 五文字です。→竹のはっぱ〔数指示〕

3発問　どこでささやいているのですか。↓竹やぶ　〔場所を問う〕
4発問　何とささやいているのですか。↓さむかったね……
5発問　どのくらいの声でささやいているのですか。〔人物の状況を選択的に問う〕
①大　②中　③小（教師が三つのささやきを実演する）
↓小
6指示　「ささやく」声が、すごく小さかったことがわかる文があります。このページの中です。見つけてください。〔限定＆作業指示〕
↓あたりはしんとしています

場面の授業では、「時」から問うことが多い。「ふきのとう」の場合は、「人物」から話題にする。「1発問」～「2指示」で、「竹のはっぱ」と出たら、「最初の登場人物は、竹のはっぱですね」と説明。「たけのはっぱが、ささやいています。」の部分だけを音読させる。

発問に対する「答え」が特定されたとき、即、その箇所だけを取り出して一斉音読させる。〔音読指示〕

授業に、一斉音読が挿入されることで、空気が明るくなる。授業にリズムが生まれる。「3発問」で場所を話題にした後、「4発問」～「6指示」で、竹のはっぱたちがささやいている状況を映像化していく。

次に、「時」を話題にする。

一の場面・課題２「冬のいつごろ?」

１発問　「時」は、一日のうちのいつですか。〔時を問う〕

２指示　それがわかる言葉を二つ見つけてください。〔数指示〕

↓よがあけました　↓あさのひかり

３発問　もう一つ「時」がわかります。季節です。季節は、いつですか。〔時を選択的に問う〕

①冬のはじめ　②冬のまん中　③冬のおわり

４指示　①②③のどれかに手を挙げてください。↓③冬の終わり〔数指示〕

５指示　冬の終わりだとわかる言葉を二つ探してください。〔数指示&活動指示〕

↓雪がのこっています　↓さむかったね

課題1に比べると、少しだけ思考を要する。「5指示」で二つ探す作業である。ペアで話し合わせると、「さむかったね」という表現を見つける子がどんどん出てくる。発表させた後、『もし真冬なら、どんな言い方になるでしょう』と問うと、「さむいね」が、子どもたちから必ず出る。この課題2は、課題1よりは思考を要する。ペア相談から全体の発表で、「なるほど!」が発生する。読解作業が深化する。最後は、見出しつけをする。

一の場面・課題３「見出しをつけよう」

１説明　一の場面に見出し（題）をつけます。「この場面では、だれがどうしているか」を考えてから見出し（題）をつけます。登場人物は、「竹のはっぱ」だけです。まず、それを入れます。

２発問　竹のはっぱがどうしましたか。→ささやいています　〔行動を問う〕

３発問　もう一つ言葉を入れましょう。何とささやいているのでょうか。→さむかったね　〔行動を問う〕

４指示　次の三つの言葉を入れて、最後は、「……竹のはっぱ」とまとめます。　〔条件指示〕

「竹のはっぱ　ささやいている　さむかったね」

→さむかったねとささやいてる竹のはっぱ（18字）

❷二の場面「ふきのとうはどこにいる」

二の場面全部を一斉音読（追い読み）の後、一行目を教師が音読。

二の場面・課題１「よいしょと言っているのはだれ？」

１指示　「こえがしました」に線を引いてください。　〔作業指示〕

２発問　どこで声がしたのですか。　〔場所を問う〕

３指示　一行目だけで答えてください。→どこかで　〔限定指示〕

4説明　「どこかで」ということは、声がする場所は、一行目ではわからないのですね。

5発問　どのような声がしたのですか。↓小さな　〔これも一行目だけ…限定指示〕

6指示　小さな声で言ってみましょう。↓「よいしょ、よいしょ。おもたいな」　〔音読指示〕

7発問　「よいしょ、…」と言っているのはだれですか。↓ふきのとう　〔人物を問う〕

8発問　ふきのとうは、竹やぶの中にいますか、外にいますか。↓竹やぶの外　〔選択式に問う〕

「どこかで小さなこえ」と語られたときは、場所も、誰かもわからない。読者も一瞬だれだろうと思う。その直後「竹やぶのそばのふきのとう」の声であることがわかるのである。「雪の下に」以降を音読（追い読み）した後、課題を提示していく。

二の場面・課題２「ふきのとうはどこにいる?」

1発問　「雪の下にあたまを出して」というのが不思議ですね。　〔人物の状況を不思議と問う〕

2発問　ふきのとうは、雪のどのあたりにいるのでしょうか。

A、B、Cのどこにいるのでしょう。〔選択的に問う〕

A土の中

B土の上の雪の中

C雪の外

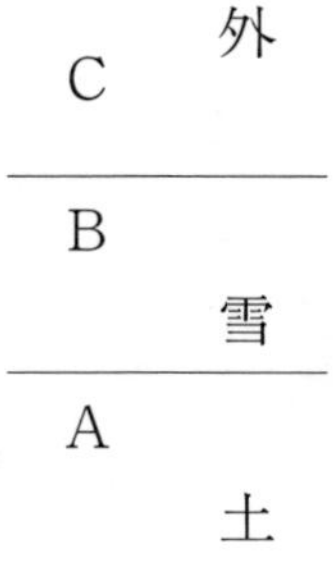

3指示　ペアで話し合ってください。一分間です。　〔活動指示・時間指示〕

4指示　反対意見を言ってください。　〔条件指示〕

ふきのとうのいる場所を考えさせる。なぜ、断面図を示すか。それは、私自身が、断面図をかいて、納得できたからである。この課題は、ペアで検討するのにふさわしい。そして、反対意見を考えさせるのがみそである。次のような反対意見が出るだろう。

〈A「土の中」に反対〉
・「あたまを出して」とあるのに、Aの場所（土）では、頭を出せない。
・「雪をどけよう」とあるのに、Aの場所では雪はどけられない。

〈C「外」に反対〉
・「おもたいな」と書いてある。Cの場所（外）にいるなら重たくない。
・「雪をどけよう」と書いてあるのに、Cではどける雪がない
・「外が見たい」とある。Cはもう、外に出ている。外が見えている。
・「ふんばっている」とある。Cはふんばる必要はない。

一つの断面図をかき、反対意見を言わせることで、こんなにも多くの言葉に目が向き、言葉が検討される。ふんばるが話題になったら、辞書引きする。「足に力を入れて立ち、動いたりしないようにする」とある。ふんばるは、何かに耐えて頑張るときに使う。ここでは、雪に耐えているわけである。

二の場面・課題3「見出しをつけよう」

1発問 二の場面に見出し（題）をつけます。三つ言葉を組み合わせて作ります。絶対に入れないといけない言葉はなんですか。↓ふきのとう 〔言葉を問う〕

2発問 ふきのとうは、何をしていますか。↓ふんばっている 〔行動を問う〕

3発問 どのようにふんばっていますか。↓雪をどけようと 〔状況を問う〕

4指示 「ふきのとう」「ふんばっている」「ゆきをどけようと」の三つの言葉を入れて、見出し（題）を作ってください。最後は、「ふきのとう」にします。 〔条件指示〕

↓雪をどけようとふんばっているふきのとう（19字）

題（見出し）の中に、「ふんばっている」を入れるのがみそである。

❸三の場面「ごめんねとつぶやいた雪」

場面三の音読（追い読み）。登場人物が雪であることを確認した後、問う。

三の場面・課題1「雪の行動と心は？」

1指示 この場面での雪の行動を三つ探してください。 〔人物の行動・数指示〕

↓①「ごめんね」と言った ②「わたしも……あそびたいけど」と言った

③上を見上げた

2指示 雪の心がわかる言葉を五つ探してください。 〔人物の心情・数指示〕

→①ごめんね　②とけて水になりたい　③とおくで遊びたい
④お日さまがあたらない　⑤ざんねんそう

この場面は、雪の言動が書かれている。まず、行動を三つ探させる。言葉を発するのも、行動である。心情は、「心がわかる言葉」を探させる。ともに、数を示して探させる。行動も心情も、文章中から、数を目安にして取り出す作業となる。言葉をしっかり検討することができる。分節化して取り出すことにより、行動も心情も明らかになる。ここで、改めて、登場人物について話題にする。

三の場面・課題２「雪は登場していた？」

1発問　三の場面の登場人物は、当然、雪ですが、ふきのとうは登場人物と言えるでしょうか。
　　　　　　　　　　　　　　　〔登場人物かどうか問う〕
→言える。雪は、ふきのとうに話している。

2発問　雪は、二の場面では、何も話していませんが、登場人物と言えませんか。
→言える。ふきのとうの声を聞いている。そして、続けて「ごめんね」と三の場面で言っている。

3発問　雪は「ごめんね」と言う前に、ふきのとうの声を聞いて、どんなことを思ったのでしょう。

4指示　三の場面の学習のときにかいたふきのとうの場所を示す絵の雪のところに吹き出しをかき、雪のつぶやきを二つ書きましょう。
　　　　　　　　　　　　　　　〔数指示＆作業指示〕

雪は、三の場面から登場するように見える。が、「ごめんね。」と言えることは、二の場面で、ふきのとうの声を聞き、願いを聞いていたということだ。人のような心が発動している。二の場面の後、一行が空き、雪が登場するように見えるが、実は、二の場面と三の場面は、ほぼ同時刻に生じていることだ。二の場面の雪に心があると考えると二の場面の映像が変わってくる。

黒板に断面図をかき、吹き出しの中に、雪のつぶやきを書かせた。その中から三点示す。

ふきのとうを
こまらせちゃってるな。

ふきのとうさん。
おもくてごめんね。

ふきのとうに、ごめんね
と言えばいいのかなあ。

④四の場面「ゆれておどりたい竹やぶ」

四の場面を一斉音読（追い読み）の後、課題提示。竹やぶの言葉から、竹やぶの思いを明らかにする。

四の場面・課題「たけやぶのねがいは？」

1発問 言いました。だれがだれに言ったのですか。〔人物の行動を問う〕

↓竹やぶが雪に言った。

2説明 竹やぶは、三の場面では名前は出てこないけど、雪の言葉を聞いていて考えていたということです。ということは、竹やぶは三の場面で登場していたと言えますね。

3発問　何と言ったのですか。　〔人物の行動（言葉）を問う〕

4指示　二つ言っています。見つけたら、発表してください。　〔数指示〕

↓すまない

↓わたしたちも、……おどりたい

5発問　「上を見上げます」何が見えたのでしょう。　〔知覚物を問う〕

↓空　↓お日さま

↓はるかぜは見えない（まだきていない）

6説明　四の場面に題をつけます。　〔見出しを問う〕

7発問　どんな言葉を入れたらいいですか。　〔言葉を問う〕

↓竹やぶ、おどれない、はるかぜ

8発問　最後は、「……はるかぜ」でまとめましょう。　〔条件指示〕

↓はるかぜがこないのでおどれない竹やぶ（18字）

❺五の場面「何でも知っているお日さま」

五の場面では、お日さまの言動を話題にしたい。

――五の場面・課題「お日さまだけちがうところ？」――

1説明　この五の場面では、「お日さま」が登場人物として出てきますね。三の場面で出てくる

「雪」、四の場面で出てくる「たけやぶ」とは、いろいろ違うところがあります。

2発問　（お日さまは、どんな人物なのでしょう。）　〔人物像を問う〕

3発問　登場人物の「お日さま」は、「雪」や「たけやぶ」と、どこが違うのでしょう。　〔登場人物の状況を対比的に問う〕

4指示　違うところを五つ見つけてください。　〔数指示〕

5指示　教科書に線を引いてください。　〔作業指示〕

6指示　時間は一分です。　〔時間指示〕

7指示　（一分後）隣の子と相談してください。時間は一分です。　〔活動＆時間指示〕

8指示　（一分後）「お日さまだけは、……」という言い方で言ってください。　〔条件指示〕

「1説明」で、お日さまも、ふきのとう、雪、たけやぶと同じく登場人物であること。そして、「お日さま」だけ、他の登場人物とは違いがありそうなことを述べる。特に、二年生になったばかりの子どもたちである。このような説明は欠かせない。

「2発問」は、実際にはしていない。本時で明らかにしたいのは、「お日さまがどんな人物であるか。お日さまの人物像」である。しかし、この言葉をストレートに発しても、子どもの心は動かない。そこで、

「3発問」で「どこが違うのでしょう」と対比的に問うことにした。「対比的発問」である。

「4指示」の「五つ」という数の提示によって、知的な作業が始まる。

「5指示」は、線を引くという「筆記指示」。ここではあえてノートに筆記させない。
「6指示」は、「時間指示」。時間によって、思考の質が変わってくる。
「7指示」は「共同化指示」。ペアにふさわしい発問と考えた。
「8指示」によって、子どもたちは発表しやすくなる。次のような意見が出る。

・お日さまだけは、空の上にいる。
・お日さまだけは、笑っている。
・お日さまだけは、こまっていない。
・お日さまだけが、みんながこまっていることを知っている。
・お日さまだけが、はるかぜがねむっていることを知っている。
・お日さまだけが、はるかぜにめいれいする。

ある年、ここまで出たときに、「おひさまは、神さまみたい」とつぶやいた子がいた。「どこが神様みたいですか」と聞くと、「何でも知っている」「命令できる」の声。読解が深まった瞬間だった。子どもから出ないときは、次のように聞く手がある。

発問　前に二年生を教えたとき、「お日さまは神様みたい」と言った子がいました。この意見に賛成ですか。

①どちらかと言えば反対　②どちらかと言えば賛成

〔人物像を選択的に問う〕

これで、授業できる。これは、賛成派の勝利となる。
最後に、「はるかぜにおきなさいと言ったお日さま」（18字）と見出しをつけて終了。
この五の場面は、課題提示から解決までの授業が、一つの物語のように展開することになる。

❻六の場面「目をさましたはるかぜ」

場面音読（追い読み）に続いて、課題提示。

六の場面・課題「はるかぜの行動は？」

1発問 お日さまにおこされたはるかぜは何をしましたか。〔人物の行動を問う〕
2指示 はるかぜの行動を五つ言ってください。〔行動を問う・数指示〕
3発問 息をはいたということは、言い換えると何がどうなったのですか。〔言葉を問う〕
↓はるかぜがふいた
4指示 次の言葉を入れて題をつけましょう。〔条件指示〕
「お日さま　はるかぜ　おこされ　いきをはく」
↓おひさまにおこされいきをはいたはるかぜ（19字）

この場面は、「2指示」が力を持つ。ここでも、「五つ」の数が力を持つ。
①あくびした　②せのびした　③おまちどおと言った　④息をすった　⑤息をはいた
発表のたびに、はるかぜの行動が浮上するから面白い。この場面は、三〇分あれば終了するだろう。

❼七の場面「ついにかおを出したふきのとう」

七の場面の一斉音読（追い読み）の、課題提示。

七の場面・課題「人物たちはどうなったの？」

1指示 「ふかれて」に線を引いてください。〔作業指示〕

2発問 ふかれたのはだれですか。↓竹やぶ　※ふいたのは、はるかぜ〔人物を問う〕

3発問 はるかぜにふかれて、竹やぶは、どうなりました。↓ゆれて、おどる〔人物の状況を問う〕

4発問 雪はどうなりました。↓とける、とける水になる〔人物の状況を問う〕

5発問 竹やぶがゆれると、なぜ雪がとけるのですか。〔人物の状況の理由を問う〕
↓お日さまが雪にあたるから

6発問 このあと、ふきのとうは、どうなりましたか。〔人物の状況を問う〕

7指示 三つに分けて、言ってください。〔数指示〕

8発問 顔を出したふきのとうが、最初にした行動は何ですか。↓あいさつ〔限定指示〕

9指示 次の言葉を入れて、題をつけましょう。〔条件指示〕

「はるかぜ　たけやぶ　雪　ふきのとう　ふかれ
ゆれ　ふんばり　かおを出した」

↓はるかぜがふき竹やぶがゆれ雪がとけふんばりかおを出したふきのとう（32字）

「2発問」～「4発問」は、簡単に答えられる。
「5発問」は、4段落の「はるかぜがこないと、おどれない」という表現を思い出させたい。
「6発問」～「7指示」で、ふきのとう自身の行動と状況を明らかにさせておきたい。「ふんばる」「せがのびる」「かおを出す」の三点が出るだろう。

第Ⅲの読解「全体読解」…主人公のビフォー・アフターまとめ（一文要約）

「ふきのとう」の全体読解として行った「一文要約」を紹介する。

課題「一文で要約しよう」

1発問　この物語をずばり一文でまとめるとしたら、どうなるのでしょうか。　〔作品理解〕

2指示　「……だった〇〇が、…により（よって）……になった話」とまとめましょう。

3指示　次の言葉を入れましょう。

〇ふきのとう　〇雪　〇たけやぶ　〇お日さま　〇はるかぜ

・そとがみたい　・ふんばった　・かおを出した　・水になった　・ゆれた

・おこした　・ふいた

4指示　六〇字から八〇字でまとめましょう。

この課題提示を見ると、一文要約の中に入れる言葉を、はじめから全部提示（板書）してしまうように見える。これが基本である。しかし、実際には、次のようなやりとりになる。

『〇〇〇は、このお話の主人公です。さて、だれですか』

「ふきのとう」

『では、その他の登場人物として誰を入れたらいいですか』

これで、登場人物が全部で五名出る。冒頭で登場する竹の葉は入れないことにする。

『ふきのとうは最初どうしていましたか』→「外が見たいとふんばる」

『ふきのとうは、最後に、どうなりましたか』→「顔を出す」

『ふきのとうは、その前に、どんな行動をしていましたか』→「ふんばる」

『お日さまは、何をしましたか』→「はるかぜをおこす」

『はるかぜは、何をしましたか』→「ふく」

『竹やぶは、どうなりましたか』→「ゆれる」

『雪はどうなりましたか』→「とける」

このように、行動や結果を聞いていく。子どもたちは、文中の言葉を確かめて、発表することになる。入れるキーワードを特定する。板書する。そのうえで問う。

『一番はじめは、どの言葉を持ってきますか』→ふんばっても外が見られなかった
『ふきのとうが変化した、最初のきっかけは何ですか』→お日さまがはるかぜをおこす。

こんなやりとりで、まとめていく。最終的には、次のような形となる。

ふんばっても外が見られなかったふきのとうが、お日さまにおこされたはるかぜがふくことにより竹やぶがゆれ、雪が水になり、自分もふんばりかおを出した話。

右の一文要約は、私が事前に作成しておいたものである。最初は、「自分もふんばることにより」でつくってみたが、最終的に右の形とした。この課題は、教師が作成しておくことが必須である。

第Ⅳの読解「発展読解」…好きな場面の筆記

第Ⅳの読解「発展読解」は、「好きな場面の筆記」をノートにさせた。次のような型を示した。

課題「好きな場面を書こう」

1指示　この物語で好きな場面を、次の書き出しで五行以上書いてください。

「一番好きなのは、（　）の場面です」

2指示　次のどれかで書くと書きやすいです。

ア　○○の行動がすばらしいからです。○○は…。　※その○○の行動を書く。
イ　○○の行動におどろいたからです。○○は…。　※その○○の行動を書く。
ウ　○○の心がわかるからです。○○は…。　※その○○の心を書く
エ　映像が浮かぶからです。　※その浮かんだ映像を書く。
オ　リズムがすばらしいからです。　※そのすばらしいところを書く。

3指示　〇〇の場面も好きです…。

好きな場面筆記の型（69ページ参照）を少し変えた。この作品は、まるで詩のように書かれているので、オの「リズムがすばらしいからです」を付け足した。すると、Hくんは、さっそくそれを活用して書いた。

七の場面がすばらしい　　二年　Hくん
一ばんすばらしいのは、七の場面です。音読すると、しぜんにリズムがつくからです。「ふかれて、ゆれて、とけてもっこり」というところがとってもリズムがいいので、大好きです。「もう、すっかりはるです」のところも、もうかんぜんに春なんだなと思いました。「竹やぶが、ゆれるゆれる、おどる。雪が、とける、とける、水になる。ふきのとうが、ふんばる、せがのびる。」というところが、詩みたいで、とってもすばらしいと思いました。

Oさんは、次々と書いていった。二〇分あまりで、三つの場面について書いた。

七と五と二の場面がすばらしい　　二年　Oさん
一ばんすきなのは、七の場面です。ふきのとうの行動がすばらしいからです。「ふんばる、せがのびる」のところからせがのびたことがわかります。はるかぜの力でせがのびたということもありますが、自分でもがんばっているので、すごいと思いました。
もう一つすきなのは五の場面です。映ぞうが思いうかぶからです。「おや、はるかぜがねぼうしているな。

竹やぶも雪もふきのとうも、みんなこまっているな。」のところから、お日さまは、見ていないのにわかるというのはすごいと思いました。「おうい、はるかぜ。おきなさい。」のところではるかぜにめいれいしているので、お日さまは、まるで神さまみたいだなと思いました。

もう一つすきな場面があります。二の場面です。ふきのとうの心がわかるからです。「よいしょ、よいしょ。おもたいな。」ですごくおもいことがわかります。「よいしょ、よいしょ。外が見たいな。」のところから、外がものすごく見たいんだなということがわかります。がんばっていることがわかります。

2 「スイミー」（光村図書2年・学校図書2年・東京書籍1年）

1 「スイミー」をどう授業するか

文章は短いが、典型的な起承転結の形で、ダイナミックに展開されていく。スイミーの状況、行動、知覚物が詩的に表現され、音読だけでも、あざやかな映像と共に、心情まで浮上する。発問・指示を駆使することで、音読では浮上しないスイミーの姿を喚起させる授業にしたい。

一の場面では、マグロ突入事件が起きる前の、スイミーのくらしや、スイミーの状況を明らかにする。

二の場面では、マグロに襲われ兄弟たちが食べられる中、海の底へと逃げる姿、兄弟たちを食べられ悲しみいっぱいのスイミーの姿を浮上させる。

三の場面では、海の底で面白いものに出会うことによって、元気になっていくスイミーの姿を明らかにする。海の底で出会う面白いものについて映像を喚起させたい。

四の場面では、出会った赤い魚たちが食べられない方法を考えるスイミーの姿、心情を明らかにする。

五の場面は、スイミーが、大きな魚をこさせない方法を赤い魚たちに教え、大きな魚を作っていく姿も明らかにする。そして、大きな魚と戦い、ついに追い出してしまう姿を浮上させる。

全体読解では、主人公スイミーのビフォー・アフターでまとめる。

発展読解は、好きな場面を筆記させる。本書では、説明的なもの、小論文風のもの、そして、他の作品と比べてどちらが好きか筆記したものの三点を例示する。クラスの状況に応じ、いずれかを選択していただければと思う。最後は、相互に読み合い、交流する。

2 全体指導計画（全8時間）

第Ⅰの読解「音読読解」（1時間）…音読による言葉の把握、作品の概要理解
〔構造と内容の把握（全体1次）〕
第Ⅱの読解「場面読解」（各場面1時間、合計5時間）…発問・指示を軸とした対話型授業
〔構造と内容の把握（場面）〕

〔精査・解釈（場面）〕
①一の場面「きょうだいたちと楽しくくらしていたスイミー」
②二の場面「きょうだいたちを食べられかなしかったスイミー」
③三の場面「面白いものに出会い元気になったスイミー」
④四の場面「赤い魚たちを守る方法をうんと考えたスイミー」
⑤五の場面「魚たちにおしえ大きな魚をおい出したスイミー」
第Ⅲの読解「全体読解」（1時間）…課題解決型授業による作品全体の読解
〔構造と内容の把握（全体2次）〕
第Ⅳの読解「発展読解」（1時間）…作品に関わる課題について主に筆記による作品のメタ的読解
①「好きな場面の筆記～説明的に」
②「好きな場面の筆記～小論文風に」
③「他の作品と比べてどちらが好きか」

3 指導の実際

第Ⅰの読解「音読読解」（※「音読読解の方法」46ページ参照）

全文意味句読み（一映像で一つの間）で、教師が範読し、子どもに追い読みをさせる。原文「おもしろい　ものを　見る　たびに、スイミーは、だんだん　元気を　とりもどした。」は、次のように読む。

A

おもしろいものを
見るたびに、
スイミーは、
だんだん
元気を
とりもどした。

B

おもしろいものを
見るたびに、＜
スイミーは、
だんだん元気をとりもどした。

Aのように、一文の後半で力みのある読みが癖になっている先生がいる。そうならないためには、Bのイメージで読む。日常の自分の声より少し高いところから「おもしろい」と発声。「見るたびに」までで息を吐き出す。間（＜）で息を吸い、再び高い声で「スイミー」を発声し、「とりもどした」で息を吐き終わる。

第Ⅱの読解「場面読解」

❶一の場面「きょうだいたちと楽しくくらしていたスイミー」

一の場面の音読（追い読み）。はじめに、人物、場所、様子を問う。全員挙手できる問いである。

一の場面・課題1「いつだれがどのようにくらしていたか」

1発問 くらしていたのはだれですか 〔人を問う〕
2指示 一一字で答えてください。→さかなのきょうだいたち 〔数指示〕
3発問 どこでくらしていたのですか→広い海のどこかに 〔場所を問う〕
4発問 どのようにくらしていたのですか。→楽しくくらしていた 〔状況を問う〕

課題2で、スイミーの姿、状況を明らかにする。

一の場面・課題2「スイミーについてわかることを見つけよう」

1指示 「名前はスイミー」に線を引いてください。 〔作業指示〕
2説明 一の場面では、スイミーのことがいろいろわかります。 〔人物の状況を問う〕
3指示 名前がスイミーであること以外に、スイミーのことでわかることを四点探して、線を引いてください。 〔数指示・作業指示〕

「3指示」の後、ペアによる相談。全員による発表で、次のようなことが明らかになる。

ア 一ぴきだけまっくろ
イ およぐのがだれよりもはやい
ウ 魚のきょうだいたちがいた
エ たのしくくらしていた

オ　小さかった

「からす貝よりもまっくろ」という表現で、からす貝を写真で見せた先生がいた。ずっと、あとまで、その画像が貼りついた。写真の力は大きい。形成しつつある作品の世界を壊しかねない。要注意である。

一の場面の最後に、見出しをつける。見出しは、「一人だけ黒く早く泳げるスイミー」ではない。

一の場面・課題3「見出しをつけよう」

1発問　一の場面に見出しをつけます。絶対に入れたい言葉は何ですか。〔見出しに入れる言葉〕

↓スイミー

2発問　スイミーはどうしていたのですか。

↓楽しくくらしていた〔人物の状況〕

3発問　だれとくらしていたのですか。

↓きょうだいたちと〔人物の状況〕

4指示　「スイミー」「楽しくくらしていた」「きょうだいたちと」の三つの言葉をつなげて、見出しをつけましょう。最後は、「……スイミー」とします。〔条件指示〕

↓きょうだいたちと楽しくくらしていたスイミー

❷二の場面「きょうだいたちを食べられかなしかったスイミー」

二の場面の一斉音読（追い読み）。

二の場面・課題1「まぐろはどのようにつっこんできたか」

1指示　「つっこんできた」に線を引いてください。　〔作業指示〕

2発問　つっこんできたのは何ですか。↓まぐろ　〔登場物を問う〕

3発問　どんなまぐろですか。↓おそろしい　〔登場物の状態を問う〕

4発問　まぐろは、おそろしくないと思うのですが？　〔言葉についてゆさぶって問う〕

5発問　何をしにつっこんできたのですか。↓食べるために　〔登場物の行動と目的を問う〕

6発問　食べるためとは、どこにも書いてありませんが？↓おなかをすかせて　〔言葉を不思議と問う〕

7発問　どのようにつっこんできたのですか。　〔登場物の状況を問う〕

↓すごいはやさでミサイルみたいに

8発問　ミサイルみたいに。だれが言っているのですか。　〔語り手を問う〕

↓語り手

9発問　ミサイルはばくだんを積んだロケットです。ロケットでなく、なぜミサイルにたとえたのでしょう。↓おそろしさを表すため　〔言葉を対比的に問う〕

一の場面同様、「つっこんできた」という述語部分への線引き作業から開始。その述語をベースにして、次々と問いを発していく。まぐろが突入してくる状況を映像化する。

続いて、スイミーの行動、心情について考えていく。

二の場面・課題2「スイミーだけにげることができたのはなぜか」

1指示　「にげたのはスイミーだけ」に線を引きましょう。　〔作業指示〕

2発問　スイミーだけなぜにげることができたか。　〔人物の行動の理由を問う〕

3指示　理由を三つ考えましょう。　〔数指示〕

↓だれよりも早くおよげた　↓色が黒かった

↓下へ向かってにげた……「くらい海のそこを」

4指示　「こわかった」に線を引きましょう。　〔作業指示〕

5発問　何がこわかったのですか。　〔心情を問う〕

6指示　二つ考えなさい。　〔数指示〕

↓まぐろ　↓海のそこ

7発問　かなしかった。このときのスイミーのかなしみは、どれぐらいだろう。

①小　②中　③大　④特大　〔心情を選択的に問う〕

最後に、見出しをつけさせる。

二の場面・課題3「見出しをつけよう」

指示　次の言葉を入れて、見出しをつけましょう。最後は「……スイミー」にしましょう。

「まぐろ　きょうだいたち　スイミー　かなしかった」〔見出しを問う・条件指示〕

↓きょうだいたちをまぐろに食べられかなしかったスイミー（26字）

名進研小学校で行った「第28回言語技術教育学会」では、右の発問・指示で、二年生に授業をした。

❸三の場面「面白いものに出会い元気になったスイミー」

面白いものによって、スイミーが元気を取り戻す場面。スイミーが出会うものと、そのものを形容した比喩の言葉を明確にし、映像化させたい。

三の場面・課題1「スイミーが見たものはなにか」

1発問　元気をとりもどしたのは、だれですか。〔人物を問う〕

↓スイミー

2発問　何を見て、元気をとりもどしたのですか。〔言葉を問う〕

↓面白いもの

3指示　この場面でスイミーが見たものを○でかこんでください。〔作業指示〕

4発問　一番最初に見たものはなんですか。〔人物が知覚物を問う〕

↓くらげ　※ゼリーは見ていない

5説明　ゼリーのようなくらげ。ぷるんぷるんした食べるゼリーのようなにじ色のくらげを、ゼリーにたとえているのですね。

6指示　次に見たものはなんですか。〔人物が知覚物を問う〕

↓いせえび　※水中ブルドーザーみたいな

※以下、同じ指示、説明の繰り返しで発表させていく。板書は次の形となる。

①にじ色のゼリーのような くらげ
②水中ブルドーザーのような いせえび
③見えない糸でひっぱられている 魚たち
④ドロップのような 岩 からはえている こんぶやわかめの林
⑤顔を見るころにはしっぽをわすれているほど長い うなぎ
⑥やしの木みたいな いそぎんちゃく

7説明　見たものは、□で囲んだ七つです。「ゼリーのような」「水中ブルドーザーのような」「見えない糸でひっぱられている」「ドロップのような」「やしの木みたいない」は、読者がわかりやすいように「たとえ」ているのです。

8発問　このように「たとえ」て、説明しているのはだれですか。〔語り手を問う〕

↓語り手

9発問　スイミーは最初にうなぎのどこを見ましたか。〔場所を選択的に問う〕

①かお　②しっぽ

この場面は、発問にして、三つのキーワードを考えさせる。

―三の場面・課題２「見出しをつけよう」―

発問　この場面に見出しをつけます。三つの言葉を入れます。どんな言葉を入れたらいいでしょう。〔見出しを問う〕

↓スイミー、元気をとりもどした、おもしろいもの
↓おもしろいものを見て元気をとりもどしたスイミー（22字）

❹四の場面「赤い魚たちを守る方法をうんと考えたスイミー」

四の場面を一斉音読（追い読み）の後、「見つけた」に線を引かせた後発問。

四の場面・課題1「スイミーが見つけたものは」

1発問　「見つけた」。スイミーはどこで見つけたのですか。〔場所を問う〕
↓岩かげ……岩のうしろの見えないところ

2発問　いつ見つけたのか。↓そのとき〔時を問う〕

3発問　そのときとは、いつですか。↓いそぎんちゃくを見ていたとき

4発問　何を見つけたのですか。↓小さな魚のきょうだいたち〔人物を問う〕

5発問　スイミーのとそっくり。スイミーとそっくり。どう違いますか。〔人物の状況を対比的に問う〕

6発問　面白いものとは何ですか。〔物を問う〕
↓くらげ、いせえび、魚たち、こんぶやわかめの林、うなぎ、いそぎんちゃく

7発問　小さな赤い魚たちは、大きな魚に食べられそうになったことがあるかないか。〔人物の状況を選択的に問う〕
↓ある

「1発問」から「7発問」までは、文章を根拠にした「答え」が明確に出てくる。次の課題2は、選択肢を設けて、考えさせる。

四の場面・課題2「スイミーが考えたことは」

1発問　「そこに」とはどこの場所のことですか。↓岩かげ　〔場所を問う〕

2発問　「いろいろ考えた」「うんと考えた」とき、スイミーの頭にいろいろ浮かんだと思います。次の四つの中で浮かんだと思うものを二つ選びなさい。〔人物の思考・心情を選択的に問う〕

①魚のきょうだいたちと楽しくくらしていたときのこと
②まぐろに食べられたときのこと
③海の中で見つけた面白いものたちのこと
④小さな魚たちが大きな魚に食べられない方法

3指示　ペアで相談し、絶対に浮かんだというものを一つ発表してください。〔活動指示〕

四の場面・課題3「見出しをつけよう」

発問　この場面に題をつけましょう。どの言葉を入れたらよいでしょう。〔見出しを問う〕
↓スイミー、小さな魚たち、考えた、大きな魚
↓小さな魚たちが大きな魚に食べられない方法を考えたスイミー（28字）

⑤五の場面「魚たちにおしえ大きな魚をおい出したスイミー」

五の場面。物語のクライマックスである。一斉音読（追い読み）の後、「さけんだ」に線を引かせる。

五の場面・課題1「スイミーはどう行動したのか」

1発問 「声を出した」でなく、なぜさけんだのですか。〔人物の行動の理由を問う〕

2指示 理由を二つ考えてください。〔数指示〕

↓たくさんの魚たちに聞こえるように

↓よい考えを思いついたから

3発問 スイミーは教えた。何を教えたのですか。〔人物の行動を問う〕

4指示 二つ答えてください。〔数指示〕

↓はなればなれにならないこと　↓もちばをまもること

5発問 教えるとき、スイミーはどんな動きをしたのでしょう。〔人物の行動を問う〕

6指示 三つ考えてください。〔数指示・想像指示〕

↓魚たちの所へ行く　↓魚を連れてくる　↓その魚のいる場所を示す

「1発問」から「4指示」までは、気持ちよく展開できるだろう。「5発問・6指示」でスイミーの行動を想像させ、大きな魚ができていく様子を考える。

「スイミーは言った」に線を引かせた後、発問・指示。

五の場面・課題２「スイミーはいつ考えたのか」

1指示　スイミーたちは、何度も泳ぐ練習をしたと思います。それがわかる言葉を見つけてください。

↓泳げるようになったとき

2発問　「泳げるようになったとき」、スイミーは何を言ったのですか。　〔人物の発言を問う〕

↓「ぼくが目になろう」

3発問　「ぼくが目になること」を最初に考えたのは、いつですか。

4指示　三つ考えられます。どれでしょう。　〔人物が思考した時を選択的に問う〕

①さけんだとき　②おしえたとき　③およげるようになったとき

5発問　魚たちは、どれくらいの間、大きな魚になって泳いだのか。

6指示　次の中からえらびましょう。　〔人物の行動の時間を選択的に問う〕

①一〇分ぐらい　②一時間ぐらい　③五時間ぐらい

7発問　大きな魚は、まぐろだったか。　〔登場物を選択的に問う〕

↓まぐろではない。二の場面では、語り手はまぐろと言っている。

「3発問・4指示」は、意見が分裂する。文字通りに読むと③のようにも見える。が、赤い魚たちで一匹の大きな魚を作ることを考えたとき、黒い自分が目になることを想定していた可能性が大いにある。最終的には、アの「さけんだとき」に落ち着きそうである。それなら、「ぼくが、目になろう」

という言い方は気になる。模擬授業をしたときある先生は、「前から思っていて、『ぼくが目になろう』だとわざとらしい感じがする」とおっしゃった。確かにそうである。「じゃ、スイミーは、どう言えばいいのでしょうね」と私。すると別の先生が、「ぼくが目になるよ。ぼくの動きを見て、同じように動いて」と提案された。

「すばらしい。拍手」と私。このやりとりは、子どもたちに授業するときの参考になるかと思う。

「5発問・6指示」で、確実に、表現に目がいく。

「7発問」は、必要ないという声が先生方から出そうであるが、私は、必須の発問と考えている。「まぐろ」を知っている語り手（話者）は、「まぐろ」なら「まぐろ」と書くに違いないからだ。

五の場面の見出しつけは、指示で作業化する。「見出しつけ」を発問でいくか指示でいくかは、子どもの状況に応じて対応していく。

――五の場面・課題3「見出しをつけよう」――

指示　次の言葉を入れて、見出しをつけましょう。　〔条件指示〕

「スイミー　おい出した　小さな魚　大きな魚」

↓小さな魚たちにおしえ大きな魚をおい出したスイミー（24字）

第Ⅲの読解「全体読解」…主人公のビフォー・アフターまとめ（一文要約）

「全体読解」。テーマの中から「主人公のビフォー・アフターによる一文要約」を行った。

課題「スイミーを一文で要約しよう」

1指示　スイミーの話を、次のように、一文で紹介しましょう。〔条件指示〕
……だったスイミーが、……により、……になった話。

2指示　この一文の中に、次の言葉を必ず入れましょう。〔条件指示〕
・兄弟の魚たち　・まぐろ　・面白いもの　・赤い魚たち　・大きな魚
・たのしく　・かなしかった　・元気　・考えた　・おい出した

子どもたちの実態に応じて、「2指示」は、次のような発問を挟んで子どもの意見を引き出すとよい。

「絶対に入れる言葉はなんでしょう？」「それはどんなようすでしたか？」「それは何をしたでしょう？」

最終的には、次のような一文になる。ここまで、事前に、教師が作成しておくことが必須だ。

兄弟たちをまぐろにたべられかなしかったスイミーが海のそこでおもしろいものに出会うことにより、元気になり小さな赤い魚たちをまもる方法を考え、大きな魚をおい出すことにせいこうした話。

子どもの発言を取り入れ、修正したものを「決定版」とする。

「発展読解」の課題で筆記させた中から三点紹介する。

❶意見文1…好きな場面を説明的に書こう

説明的作文の型を使い、４段落で書かせたもの。これは、特製作文用紙に書かせたものである。

スイミーのいい場面　二年　Ｙさん

じゅぎょうで、スイミーをしました。スイミーの中で、とくにすきな場面をしょうかいします。

一ばんすきなのは、五の場面です。スイミーの行動がすばらしいからです。スイミーは、こわがっている小さな魚のきょうだいたちのために大きな魚をおい出す方法を考えます。自分たちが大きな魚をおい出す方法を考えます。自分たちが大きな魚のふりをするという方法です。スイミーの、この考えがすごくおもしろいです。小さな魚たちは、がんばっておよいだと思います。

三の場面もすきです。スイミーが海のそこで見るものがふしぎだからです。「にじ色のゼリーのようなくらげ」「もも色のやしの木みたいないそぎんちゃく」がとくに、ふしぎです。スイミーがおもしろいものを見てだんだん元気をとりもどしていくのもふしぎです。

このように、スイミーの考えがよくわかる五の場面とおもしろいものが出てくる三の場面がとくにすきです。

❷意見文2…好きな場面を小論文風に書こう

「たしかに……。しかし……なぜなら」の型を使い、小論文風に、ノートに筆記させたときのものである。

五の場面が一番すき　　二年　ーくん

たしかに、三の場面もすきです。なかまをまぐろに食べられ、かなしかったスイミーが、海底でおもしろいものに出会って、元気をとりもどしていくところがすきです。「にじ色のゼリーのようなくらげ」「水中ブルドーザーみたいないせえび」「ドロップみたいな岩から生えている、こんぶやわかめの林」「風にゆれるもも色のやしの木みたいないそぎんちゃく」など、たとえを使った文がおもしろいです。色があざやかにうかびます。音読は、この三の場面がすきです。しかし、わたしは、五の場面が一番すきです。

なぜなら、スイミーが教えて、だんだん一ぴきの魚になっていくところがいいからです。最後の「あさのつめたい水の中を、ひるのかがやく光の中を、みんなはおよぎ、大きな魚をおい出した」という文がすばらしいです。スイミーが目になって泳ぐ姿がうかびました。スイミーにあわせて、赤い魚たちは、何時間もいっしょうけんめい泳いだと思います。魚たちはもう大きな魚もこわくなくなったと思います。

「たしかに」は、小論文への魔法の入り口のように見える。結局、ここには、二番目に好きな場面が記述されるのだが、「たしかに」から書くと、二番目を忘れ、全力でそのよさを書くから不思議である。

❸他の作品と比べどちらが好きかを書こう

同じ作者の「アレクサンダとぜんまいねずみ」と比べ、どちらが好きかを筆記させたときのものである。

なかまのためにかんがえるすばらしさ　二年　Ｙくん

じゅぎょうで「スイミー」と「アレクサンダとぜいまいねずみ」をしました。両方とも作者は、レオ＝レオニさんです。どちらがすきかを書きます。

たしかに、「アレクサンダとぜんまいねずみ」もすきです。アレクサンダがウイリーを本物のねずみにかえて助けます。そのあと、アレクサンダとウイリーは出会います。アレクサンダは、最初、ウイリーとわからないので、「きみ、だれ？」と聞きます。ウイリーは、「ぼく、ウイリーだよ。」と言います。そして、二人はよろこびます。

しかし、ぼくは、「スイミー」の方がすきです。さいしょ、スイミーの兄弟たちがみんなまぐろに食べられてしまいます。しかし、そのあと、海のそこで出会った兄弟たちと、岩から出る方法を考えます。スイミーは、兄弟たちにおしえ、海で一ばん大きくなる方法を考えます。小さな魚たちのために必死に考えるのがすばらしいと思いますした。

なかまのために考える思いは、スイミーもアレクサンダも同じなんだなと思いました。

主人公を比べ、最後に、「なかまのために考える思いは同じ」とまとめ、題にしたのがすばらしい。

3 「お手紙」（光村図書2年・東京書籍2年・学校図書2年・教育出版1年）

1 「お手紙」をどう授業するか

物語の劇的展開の面白さを味わえる作品である。

教科書（光村図書・令和2年版）の単元名は、「そうぞうしたことを、音読げきであらわそう」である。最後の活動は音読劇である。私も、第Ⅰの音読読解の中で、意味句読みをしていく。場面の読解の中でも、ことある度に音読はしていく。

が、やはり、この教材も、場面ごとに、発問・指示を軸にした課題を提示し、二人の言動を細かく検討していきたい。映像を喚起させ、二人の心情の変化を明らかにしていく。

特にかえるくんの行動が面白い。手紙が来ないと悲しんでいるがまくんのために、手紙を書きにいく。書いた手紙を、かたつむりくんに頼んでしまう。そのことから、逆に、話が面白くなっていく。物語の最後でかたつむりくんが来たときに、二人がどんな行動をしたか、まったく書かれていない。この箇所を想像させる。

全体読解は、登場人物同士の手紙を創作させる。また、物語のタイトルを折り込んでつくる「物語詩」も筆記させる。

2 全体指導計画（全9時間）

第Ⅰの読解「音読読解」（1時間）…音読による概要把握と「不思議」の筆記
〔構造と内容の把握（全体1次）〕
第Ⅱの読解「場面読解」（各場面1時間、合計5時間）…発問・指示を軸とした対話型授業
〔構造と内容の把握（場面）〕
〔精査・解釈（場面）〕
①一の場面「がまくんは何がかなしいの？」
②二の場面「なぜかたつむりくんにたのんだの？」
③三の場面「がまくんとかえるくんの行動のちがいは？」
④四の場面「手紙のことをなぜ話したの？」
⑤五の場面「二人は何が幸せなの？」
第Ⅲの読解「全体読解」（1時間）…課題解決型授業による作品全体の読解
〔構造と内容の把握（全体2次）〕
◎登場人物同士の手紙筆記
第Ⅳの読解「発展読解」（2時間）…作品に関わる課題について主に筆記による作品のメタ的読解
①物語詩を作ろう
②他の作品と比べよう

③発表・感想・交流
〔考えの形成〕〔交流〕

3 指導の実際

第Ⅰの読解「音読読解」

一斉に音読。教師の音読を追い読みする。その後、教師の指示により、教科書内に、一から五の場面を記入させる。段落番号も記入させる。そしてタイトルの横に、○を一〇個つけ、個人による音読をさせる〈音読法については、46ページ参照〉。

その後、次の指示で、不思議だと思うことをノートに筆記させる。

課題「不思議なところを書こう」

1指示　この話を読んで不思議だなあと思ったことをノートにまとめてください。

2指示　①、②……と番号をつけて、書いてください。

第Ⅰの読解「音読読解」の後、「気づき・不思議」を箇条書きさせることもある。初発の感想は教材を見なくても書ける。「気づき・不思議」の筆記は、文章を見ざるを得ない。「一人読解」の形となる。

毎年、二学期後半ぐらいの教材から、この「気づき・不思議」を書かせる。高学年の場合、「不思議」を筆記させた後、「→」を書き、その下に自分なりの「答え」「考え」を書くようにさせた。教師の用意した発問とドッキングさせて、授業に使う発問を特定していく。授業の中では、Aさんが書いた問題だとか、子どもの名称が出ることになる。

今回の「お手紙」の場合は、「不思議」だけを書かせた。ノートに箇条書きされた「不思議」を読み、○、◎をつけていった。子どもが書いたものの中から、抜粋して紹介する。

①かえるくんは、なにをしにがまくんの家にやって来たのか？
②かえるくんは、なぜ、かたつむりくんに手紙をたのんだのか？
③かえるくんは、なぜすぐかたつむりくんの家に行った？
④かたつむりくんは、かえるくんに会う前、何をしていたの？
⑤がまくんは、なぜ、おひるねをしていたの？
⑥かえるくんは、なぜ、手紙を出したことを言ってしまったのか？
⑦かえるくんは、なぜ、手紙のなかみを言ってしまうの？
⑧かえるくんも、なぜ、げんかんにすわったの？
⑨なぜ、かえるくんもしあわせなの？
⑩かたつむりくんは、四日間、ずっとあるいていたの？
⑪かたつむりくんは、がまくんに手紙をわたすとき、どんな気持ちだったの？
⑫がまくんは、もらった手紙をどうしたの？

驚くことに、私が用意した発問内容と重なるものが多い。子どもでも問いは、わかっているのだ。だからこそ「なぜ？」と問いかけず、発問方法と指示を組み合わせ思考させ、解決させていく必要がある。

第Ⅱの読解「場面読解」

❶一の場面「がまくんは何がかなしいの？」

一の場面の音読（追い読み）の後、定番の述語への線引き作業。その後、一問一答的にスタート。

一の場面・課題１「がまくんは何がかなしいの？」

１指示　「すわっていました」に線を引きましょう。〔作業指示〕

２発問　どこにすわっていたのですか？〔場所を問う〕
↓がまくんの家のげんかんの前です

３発問　すわっていたのはだれですか？〔人物を問う〕

４発問　がまくんは登場人物です。もう一人の登場人物はだれですか？〔人物を対比的に問う〕
↓かえるくん

５指示　かえるくんが最初にした行動を三つ言ってください。〔数指示〕
↓１やってきた　２がまくんを見た　３言った

６指示　かえるくんの言葉、がまくんの言葉を一斉音読。〔音読指示〕

7指示　「ふしあわせな気持ち」に線を引いてください。　〔作業指示〕

8発問　手紙がもらえず、がまくんがふしあわせな気持ちになるのは何回目でしょう。
①一回目　②二回目　③三回以上　〔心情を選択的に問う〕
↓③「いつも」、「毎日」とある

9発問　不思議です。かなしくなることがわかっているのに、なぜ、げんかんでまっているのでしょう。　〔行動・心情を不思議と問う〕
↓ひょっとしたら来るかもしれない
↓手紙を出したので来るかもしれない

続いて、かえるくんの行動について考える。最後は、見出しつけ。

一の場面・課題2「かえるくんの行動は？」

1発問　がまくんが悲しいのを知ったかえるくんは、何をしましたか。　〔人物の行動を問う〕
↓げんかんの前にこしをおろした

2指示　「ふたりともかなしい気分」に線を引いてください。　〔作業指示〕

3発問　がまくんが悲しいことはわかります。かえるくんは何が悲しかったのでしょう。　〔人物の心情を対比的に問う〕
↓がまくんがかなしそうにしていること

4指示　一の場面に見出し（題）をつけましょう。次の言葉を入れましょう。　〔条件指示〕
「がまくんとかえるくん　こしをおろした　かなしい気分」

5指示　さいごは、がまくんとかえるくんにしましょう。
↓かなしい気分でこしを下ろしたがまくんとかえるくん（24字）

❷二の場面「なぜかたつむりくんにたのんだの？」

まず、二の場面を音読（追い読み）。その後、冒頭は、一問一答的な問いからスタートする。

二の場面・課題1「かえるくんの行動は？」

1発問　「ぼく、もう……しなくちゃいけないことが、あるんだ。」と言った後、かえるくんはまず何をしましたか。　↓家へ帰った　〔人物の行動を問う〕
2発問　その後、何をしましたか。　↓えんぴつと紙を見つけた　〔人物の行動を問う〕
3発問　見つける前に何をしましたか　↓探した　〔人物の行動を問う〕
4発問　その後、何をしましたか。　↓紙に何か書いた　〔人物の行動を問う〕

ほぼ、全員が挙手できる発問である。ただし、「3発問」は変化球。解は文章にはない。「発問1～4」まで一分で終了。その後、少し意外なことを問う。語り手の位置を話題にするのである。

二の場面・課題2「語り手の位置は？」

1指示　「紙に何か書きました。」に線を引いてください。　〔作業指示〕
2発問　「紙に何か書きました。」と言っているのはだれですか。　↓語り手　〔語り手を問う〕

3発問 このとき、語り手は、どこにいますか（この話を語っている語り手はどこにいるでしょう）。

①かえるくんのすぐ近く

②かえるくんから三、四メートルはなれたところ

4発問 ①でしょうか、②でしょうか。

〔語り手の位置を選択的に問う〕

ここでの語り手の位置は②である。②に賛成の子に、どの言葉でそう考えたかを聞く。「何か書きました」を根拠にする子が出る。「①にいたら、何を書いたかわかる」という意見も出るといい。このページの挿絵は、語り手から見た様子を描いたものである。「語り手はこの絵のように見たのですね」と語る。

二の場面・課題3「かたつむりくんにたのんだわけは？」

1説明 その語り手が、かえるくんのすぐ近くに移動します。

〔語り手の位置について説明〕

2発問 どの言葉でわかりますか。↓「がまがえるくんへ」

〔根拠を問う〕

3説明 「がまがえるくんへ」というのは、手紙のあて名です。〔あて名を一斉音読〕書いたことがわかるのですから、ここでは語り手はかえるくんの近くにいますね。

〔語り手の位置について説明〕

4発問 かえるくんは、あて名を書いたあと、何をしましたか。

〔人物の行動を問う〕

5指示 三つにまとめてみましょう。

〔数指示〕

6指示　ペアで相談して、見つけてください。　〔活動指示〕

↓①家からとび出した

↓②かたつむりくんに会った

↓③がまくんの家に手紙を運ぶようにたのんだ

7発問　かえるくんは、かたつむりくんに手紙を運ぶようにたのみましたね。なぜ、かたつむりくんにたのんだのでしょう。　〔人物の行動の理由を問う〕

8指示　理由は三つあると思うのですが、ペアで考えてください。

↓①知りあいだから

↓②すぐやってくれると思ったから

↓③たまたま会ったから

9指示　次の言葉を入れて、二の場面に見出しをつけてください。

「かえるくん　かたつむりくん　たのんだ　手紙　がまくん」

↓「がまくんへ書いた手紙をかたつむりくんにはこぶようたのんだかえるくん」（33字）

↓「がまくんへの手紙をかたつむりくんにたのんだかえるくん」（26字）

発表では、①「知りあいだから」②「すぐやってくれると思ったから」は出るだろう。「知りあい」「すぐやるぜ」は文章中にある。③「たまたま会ったから」も出るだろう。

二の場面・課題4「四日間かかると思った?」

発問 かたつむりくんが運ぶのに四日間かかると思っていたのでしょうか。

①思っていた　②思っていなかった

〔根拠を問う〕

これは、意見が分裂するだろう。が、②で決着する。次の場面で、すぐに、手紙が届いたか見に行っているからである。全文音読をしっかりさせておきたい。「足がおそい、時間がかかる、手紙が届いてて喜ぶがまくんの姿が見られると思った可能性はありますね」という教師の説明も用意しておく。

❸三の場面「がまくんとかえるくんの行動のちがいは?」

「かえるくん」「がまくん」「地の文」にわけて音読させる。例えば、男子、女子、教師などで。

三の場面・課題1「がまくんなぜねてたの?」

1指示 「もどりました」に線を引きましょう。

2発問 かえるくんは、どこにもどったのでしょう。↓がまくんの家

〔場所を問う〕

3発問 何をしにもどったのですか。↓じぶんの出した手紙が来るのを待つため

〔人物の行動を問う〕

4発問 がまくんは、ねています。がまくんは、ねむくなったのでしょうか。

〔行動を選択的に問う〕

↓ちがう　↓手紙をまつことがいやになった

5指示　そのことがわかる言葉を、このページの中から二つ見つけてください。〔条件＆数指示〕

↓いやだよ　↓あきあきしたよ

「3発問」によって、二の場面で話題になった、かたつむりくんの動きに対して、どう考えているか明らかになる。「その日のうちにかたつむりくんが来るかも」と考えていたことがわかる。

三の場面・課題2「がまくんとかえるくんの行動のちがいは？」

1指示　この二ページの中で、かえるくんがしている行動を四つ探してください。〔限定＆数指示〕

2指示　線を引きましょう。〔作業指示〕

3指示　発表しましょう。〔発表指示〕

↓①ゆうびんうけを見た　↓②「ひょっとして、だれかが、きみに……」と言った

↓③まどからのぞいた　↓④「きょう、だれかがお手紙くれるかも……」と言った

4発問　かえるくんは、この三の場面では、手紙が届くのに四日間かかるとは思っていません。どんな行動でわかりますか。↓①と③〔人物の行動を問う〕

5発問　かえるくんがはげましの言葉を言っているのに、がまくんは、あきらめの言葉をいっぱい言っていますね。どんなことを言っていますか。〔人物の言葉を対比的に問う〕

↓そんなことあるものかい　↓思えない

↓ばからしい　↓きょうだって同じだろう

6指示　見出しをつけます。がまくんでまとめました。
「かえるくんにだれもお手紙をくれる人なんていないと言ったがまくん」（31字）　〔見出しを問いモデルを示す〕
7指示　「……かえるくん」でまとめてみましょう。　〔条件指示〕
8指示　できた人は、先生のところに持って来てください。　〔活動指示〕
↓がまくんにだれかお手紙くれるかもしれないと言ったかえるくん（29字）

「1指示」～「5発問」により、手紙が来ることを気にしながら、ふてくされるがまくんを粘り強くはげますかえるくんの姿が浮上する。今回の見出しつけは、キーワード組み合わせ法でなく、「がまくん」でまとめたものを示し、「かえるくん」でまとめさせた。

しかも、個人でできたら、持って来させる方法である。時々、この方法を入れる。

❹四の場面「手紙のことをなぜ話したの？」

「かえるくんは、まどから……」から、「とてもいいお手紙だ」を四の場面とする（岩下による）。

まず、「最初の一〇行だけ」を一斉音読をする。（追い読み）

四の場面・課題1「なぜ外を見てるの？」

1発問　今読んだ中で、がまくんが初めて口にした言葉があります。何ですか。　〔言葉を問う〕
↓「どうして、……外を見ているの」
2指示　それに対して、かえるくんも初めて口にします。何といいますか。　〔言葉を問う〕

↓「だって、……まっているんだもの」

残りを全部音読させる。（一斉音読追い読み）

四の場面・課題２「なぜ言ってしまったの？」

1発問　ここで、かえるくんが、驚くことを二つ言ってしまいます。何ですか。〔人物の行動〕

2指示　「……こと」と答えてください。

↓お手紙を出したこと　↓手紙の中身を言ったこと

3発問　なぜ、二つのことを言ってしまったのだろう。だまっておいたほうが、最後のがまくんの喜びは大きくなると思うのに？〔人物の言動を不思議と問う〕

4指示　かえるくんが言ってしまった理由を二つ考えましょう。〔理由・数指示〕

↓がまくんを悲しませたくない　↓なかなか手紙がこない。いつ到着するかわからない

がまくんの心が大きく変化していく物語の山場である。

四の場面・課題３「がまくんはどう変化したの？」

1発問　がまくんの心が大きく動いていることがわかるところを三か所見つけてください。〔人物の心情を問う〕

2指示　その三か所に線を引いてください。「…とき」と発表してください。〔数指示〜条件指示〕

↓１「きみが。」と言ったとき

↓2「ああ。」と言ったとき

↓3「とてもいいお手紙だ。」と言ったとき

3指示 がまくん、かえるくんの役を誰かにやってもらいます。地の文は、その他の人がします。

↓※三組の人にやってもらう

4指示 誰のどこがよかったか言ってもらいます（がまくん、かえるくんの役をした六人全員についで話題になるようにする）。〔条件指示〕

5指示 次の言葉を入れて、見出しをつけてください。最後は「がまくん」で。〔条件指示〕

「がまくん　かえるくん　親友　手紙　感動」

↓かえるくんが手紙に親友と書いたことを知り感動したがまくん（28字）

「4指示」で、話題にならない子についでは、教師がフォローし、よかったところ等を指摘する。

❺五の場面「二人は何が幸せなの？」

「それから、ふたりは、げんかんに……」という、箇所から最後までを五の場面とする。まず、一斉音読。

五の場面・課題1「二人の幸せを考えよう」

1発問 場所はどこですか。↓げんかんの前〔場所を問う〕

2発問 場所も、二人で手紙を待っていることも一の場面と同じです。違うことは何ですか。

↓幸せな気持ちですわっていること〔状況を対比的に問う〕

3指示　「ふたりとも、とてもしあわせ」に線を引いてください。〔作業指示〕

4発問　がまくんは何が幸せなのでしょう。〔人物の心情を問う〕

5指示　三つにまとめてみましょう。〔数指示〕

6指示　ペアで相談して、見つけてください。〔活動指示〕

7指示　「……こと」と言ってください。〔条件指示〕

8発問　かえるくんは、何が幸せなのでしょう。　※この後、5～7と同じ指示〔人物の心情を問う〕

がまくんの幸せとして、「①お手紙が来ること」「②かえるくんがお手紙を書いてくれたこと」「③親愛、親友と書いてくれたこと」「④かえるくんがいっしょにまってくれていること」が出るだろう。かえるくんの幸せとしては、「①がまくんのかなしみがなくなったこと」「②よいお手紙だと言ってくれたこと」「③がまくんといっしょにまっていること」が出るだろう。

いよいよ、かたつむりがやってくるところ。ここは想像させる。

五の場面・課題２「かたつむりくんに何を言ったかな?」

1発問　四日たってかたつむりくんはやってきます。かたつむりくんが見えたとき二人は何をし、何を言ったのでしょう。〔人物の行動を問う〕

2指示　文章には書いてありません。想像してください。三つ考えてください。

3指示　「……をした」「……と言った」とまとめてください。　〔数指示・想像指示〕

4指示　お隣と相談してください。　〔条件指示〕

5指示　次の言葉を入れて、場面に見出しをつけましょう。　〔活動指示〕

「ふたり　かたつむり　げんかん　四日間　手紙　しあわせ」　〔条件指示〕

↓かたつむりくんがはこぶ手紙を四日間しあわせな気もちでまったふたり（32字）

たくさん出てきたものを板書。順番に番号をふっていった。次のようになった。

①「かたつむりくんだ」と言って、かたつむりくんのところに走った。

②「よくきたね」「はこんでくれてありがとう」とお礼をした。

③「けがはしなかったかい」「おなかはすいてないかい」「四日もかかってつかれたでしょう」と心配した。

①の「二人がかたつむりくんのところに走った」は、間違いない。ローベル自身の絵も、手紙を渡している場所は、玄関ではない。②と③も「そのようにした可能性は高いよね」としめくくった。

第Ⅲの読解「全体読解」…登場人物同士の手紙筆記

この「お手紙」は、登場人物同士の手紙の筆記で、思わぬ世界が広がる。ぜひ、おすすめしたい。

Ａ４の特製の用紙を配布する。

課題「人物から人物へ手紙を書こう」

1指示　登場している人物同士で手紙を書いてみましょう。「かえるくんからがまくんへ」とか、「かえるくんからかたつむりくんへ」とか。

2指示　「〇〇かえるくん」等と、と最初にあて名を書きます。最後は、「〇〇がまより」と差し出し人を書きます。

必ず、教科書を開きながら筆記させる。物語の中では、かえるくんが書いた手紙が紹介されている。そのかえるくんへのがまくんの手紙。

はげましかえるくんへ
はげましかえるくん、このあいだは、ふてくされてごめんね。きみは、とてもやさしいね。ぼくが書いてって言わなくても、自分から進んで書いてくれたんだね。ぼくはとてもうれしくて夜もねむれません。……ふてくされたことをとてもはんせいしています。いつまでも親友でいたいです。
かんどうがまより

かたつむりくんについての情報は少ない。だから、書きやすい。ふくらませやすい。

親友かたつむりくんへ
かたつむりくん。お手紙をはこんできてくれてありがとう。かえるくんにたのまれて、いっしょうけんめいはこんでくれてありがとう。かえるくんもぼくもとてもしあわせなきもちになれたよ。かえるくんがかたつむりくんにおねがいしたときに、

「すぐやるぜ。」

と言ってくれたことをうれしく思っているよ。四日もかかったけれど、いっしょうけんめいはこんでくれたから、ぼくの親友だね。本当にありがとう。かたつむりくん

しあわせがまがえるより

親友かたつむりくんへ

かたつむりくん。お手紙をもってきてくれてありがとう。きみのおかげで、がまくんよろこんでいたよ。四日も歩きつづけて、つかれたよね。きみもぼくたちの親友だよ。

親友かえるより

かたつむりくんからの返事が、これまた面白い。

やさしいかえるくんへ

がまくんからきいたよ。がまくんが一ども、お手紙をもらってないことをしったら、すぐ書いたんだよね。きみはすごくやさしいよ。

きみをやさしいと思ったかたつむり

「がまくんからきいたよ。」は話には書かれていないが、ありそうな話。映像が浮かぶのが面白い。

第Ⅳの読解「発展読解」

「発展読解」として行った課題を二点紹介する。クラスの実態に応じて活用していただきたい。

❶物語詩を作ろう

折り句を使った物語詩は、「お手紙」でも有効である。できたら板書させる。また、隣同士で相互にノート筆記する。

おきてさ
てがみとどくかも
がまくん
みてみたら
（かえる）

おねがい
てがみを
がまくんに
みせてね
（かえる）

おいでよ
てがみがあるから
がんばってはこんできたよ
みちにまよったけど
（かたつむり）

かたつむりくん
たいへんだったね
つかれたでしょう
むりにたのんでごめんね
りすくんに会わなかったかい
くるのをまってたよ
げんかんのまえで
（かえる）

がまくんのうちめざし
まっすぐ行くぞ
くさの中も行くぞ
うん、もうすぐだ
（かたつむり）

かえるくんといっしょにいると
えがおになってくる
ルンルン楽しくなってくる
くるのを楽しみにしていた
げんかんの前で
（がま）

❷他の作品と比べよう

1発問　前に学習した「わたしはおねえさん」と「お手紙」とでは、どちらが好きですか。

2指示　「たしかに……、しかし……。なぜなら……」の形でまとめましょう。題は最後につけましょう。

前に学習した教材「わたしはおねえさん」と比較させた。

やさしいかえるくんとすみれちゃん　　二年　Hさん

国語で「お手紙」と「わたしはおねえさん」をしました。どちらがすばらしいかをかきます。

たしかに、「わたしはおねえさん」もすばらしいです。すみれちゃんの気持ちもよくわかります。もし、わたしがすみれちゃんだったら、おこりそうになります。コスモスだとわかって、りんかちゃんといっしょにわらったところがすごいです。しかし、わたしは「お手紙」のほうがすきです。

なぜなら、かえるくんのやさしさがすばらしいからです。かえるくんは、かなしんでいるがまくんにお手紙を書いて、えがおにしたからです。かたつむりくんもすばらしいと思います。かえるくんにたのまれ、わざわざ四日もかけて、手紙をがまくんにとどけたからです。

かえるくんの気持ちがよくわかる「お手紙」のほうが、今は、とてもすばらしいと思っています。

「お手紙」のほうがすばらしいと言いながら、最後に「やさしいかえるくんとすみれちゃん」と題をつけている。かえるくんとすみれちゃんの共通項を考えたのである。対比・類比で論理的思考が発生している。

おわりに

新学習指導要領で、「主体的・対話的で深い学び」を成立させる授業が提案された。「主体的・対話的で深い学び」は、決して新しい提案ではない。子どもたちに思考が発生し読解が成立するという当たり前のことができていない。読解力がついていない。そこで、装いを新たに登場したのが、「深い学び」の提唱だととらえる。私が通過してきた国語教育の世界では、知的な読解授業の創造は、いわば、暗黙の、究極の目標事項であった。そして、知的な授業を成立させるためには、主体的で対話的な活動が欠かせないことも意識化されてきた。

なぜ、思考も読解も発生しにくいのか。読解力が身につかないか。その主因は、読解の軽視である。この十数年余りの間に、読解授業は逆に劣化したように見える。これについては、さすがに批判やら反省の声が出ているようである。今回、驚くことに、中教審の答申を取り入れる形で、『小学校学習指導要領解説・国語編』に学習過程までが示された。

この学習なら、現に今していることだ。本書で紹介した「物語読解授業システム」は、この学習過程を内包している。結果的に、これらの学習過程を踏まえて構成しているような形となっている。本書は、『小学校学習指導要領解説・国語編』が示した学習過程を、具体的に実施する方法の一つを示しているとも言える。

『岩下修の国語授業　授業を成立させる基本技60』では、授業の技を取り出した。『岩下修の国語授業　国語力を高める究極の音読指導法＆厳選教材』では、読解を深化させる音読法を示した。今回は、その技をどこでどう活用し、授業を展開していくかをまとめた。一教材をどう授業するか。「物語読解システム」をまるごと紹介しようとした。

特に重視したのは、発問・指示の組み立て方である。発問・指示の重要性が言われるわりには、その機能は意識されていない。そこで、発問・指示とは何かを明らかにしてみた。そのうえで、「発問・指示の組み立て方による課題の作り方」をまとめた。すべての物語教材で、活用できる形にした。

今回は、二年生の定番三教材について、まるごと「全発問・全指示」を示し、活用法を述べた。読解授業の面白さを体得していただけたらうれしい。子どもの実態に応じて、アレンジして活用いただくのももちろん大歓迎。アレンジ分を報告していただけたらうれしい。

本書をまとめる中で、わかったことがある。物語の授業の面白さ、かけがえのなさである。実用的な国語授業が求められ、論理的な思考が求められているようである。文学不要論とでもいうべき風潮もある。私は文学青年だったこともなく、今も、文学愛好家ではない。読む本の大半は論説文だ。しかし、文学の授業は大好きである。子どもも物語や詩の授業を喜んでくれる。文学の授業を体験することで、新たな映像の喚起と共に、登場人物の行動や心情が浮上するのが面白いのだろう。その人物の行動や考え方を取り入れたくなるようだ。自分の世界の広がりを感じるようだ。

それを筆記させる。その筆記のための型を吟味し、子どもたちに示す。すると、物語を論理的に把握したと思える文章が誕生するのである。物語の授業で、深い学びと共に、論理力を鍛えることができる。それがまた面白い。文学の授業は、この時代こそ必要である。

本書の企画をしてくださった林知里さんの何年にもわたる粘り強いフォローと、木山麻衣子さんのアクティブ・マインドに支えられ、本書は形となりました。感謝の言葉もありません。今からここから……。

岩下　修

【著者紹介】

岩下　修（いわした　おさむ）

名古屋市公立小学校教諭，立命館小学校教諭，立命館大学非常勤講師を経て，現在，名進研小学校国語顧問教諭。日本言語技術教育学会理事。

〈主著〉

『「指示」の明確化で授業はよくなる』（1986年）『ＡさせたいならＢと言え―心を動かす言葉の原則』（1988年）『上達論のある指導案の書き方』（1991年）『指導案づくりの技術』（1991年）『自学のシステムづくり』（1992年）『自学力を鍛える基本テーマ事例集』（1993年）『「自学」で子どもが変わる』（1997年）『教師の言葉が生きる瞬間（とき）』（1998年）『学ぶ「からだ」を育てる―表現で学級・授業をひらく―』（2004年）『国語の授業力を劇的に高めるとっておきの技法30』（2006年）『教師と子どもの読解力を高める』（2009年）『国語科「言語活動の充実」事例』（2010年）『指導案づくりで国語の授業力を高める』（2010年）『続・ＡさせたいならＢと言え』（2011年）『岩下修の国語授業　授業を成立させる基本技60』（2016年）『岩下修の国語授業　書けない子をゼロにする作文指導の型と技』（2016年）『岩下修の国語授業　国語力を高める究極の音読指導法＆厳選教材』（2018年）『「知」と「学び」の授業エンジン―子どものやる気をぐんぐん引き出す12の技』（2020年）（以上，すべて明治図書），『スラスラ書ける作文マジック』（2013年）『スラスラ書ける作文マジック入門編』（2015年）（以上，小学館）。

岩下修の国語授業

「深い学び」を生み出す物語読解の授業システム

発問・指示・課題の作り方

2020年８月初版第１刷刊　©著　者　岩　下　修

発行者　藤　原　光　政

発行所　明治図書出版株式会社

http://www.meijitosho.co.jp

（企画）林　知里（校正）井草正孝

〒114-0023　東京都北区滝野川7-46-1

振替00160-5-151318　電話03(5907)6703

ご注文窓口　電話03(5907)6668

＊検印省略　組版所　中　央　美　版

Printed in Japan　ISBN978-4-18-298915-5